本书为

马克思主义理论研究和建设工程重大项目"防范和化解经济金融风险"（2015MZD033）和国家社会科学基金重大项目"从'大缓和'到'大衰退'的西方宏观经济学理论与政策的大反思"（14ZDB123）的阶段性成果。

国家智库报告 2016（28）
National Think Tank

金　融

英美金融道路的历史经验与中国启示

伍聪　著

THE HISTORICAL EXPERIENCE OF ENGLISH AND AMERICAN
FINANCIAL PATHWAYS AND ITS INSPIRATION FOR CHINA

中国社会科学出版社

图书在版编目(CIP)数据

英美金融道路的历史经验与中国启示/伍聪著.—北京:中国社会科学
出版社,2016.8(2017.10重印)
(国家智库报告)
ISBN 978 - 7 - 5161 - 8678 - 7

Ⅰ.①英…　Ⅱ.①伍…　Ⅲ.①金融体系—研究—英国②金融体系—研究—
美国③金融业—经济发展—研究—中国　Ⅳ.①F835.611②F837.121③F832

中国版本图书馆 CIP 数据核字(2016)第 182701 号

出 版 人　赵剑英
责任编辑　喻　苗　马　明
责任校对　刘　娟
责任印制　李寡寡

出　　　版　中国社会科学出版社
社　　　址　北京鼓楼西大街甲 158 号
邮　　　编　100720
网　　　址　http://www.csspw.cn
发 行 部　010 - 84083685
门 市 部　010 - 84029450
经　　　销　新华书店及其他书店

印刷装订　北京君升印刷有限公司
版　　　次　2016 年 8 月第 1 版
印　　　次　2017 年 10 月第 2 次印刷

开　　　本　787×1092　1/16
印　　　张　8.5
插　　　页　2
字　　　数　85 千字
定　　　价　36.00 元

摘要：本书主要研究英美金融体系的兴衰，以及中国如何通过互联网金融战略实现金融崛起。首先，"纵向"进行基于历史维度300年的时期比较，"横向"进行基于国家维度的英美国别比较，研究英美金融模式的兴衰，以期提供一个广阔视角；其次，分析英美金融模式对中国的历史启示，研究互联网金融的兴起，探讨互联网金融的内涵，强调融合"守正出新"理念，构建将互联网金融和金融互联网有机结合的新型金融体系；再次，依据罗伯特·默顿金融体系六大功能理论，谈互联网金融如何促进金融体系的完善并服务于实体经济；然后，总结英美金融道路的教训，谈中国互联网金融战略如何基于中国"国家禀赋"，构建效率与稳定动态平衡的新型金融体系；最后，给出政策建议，强调实施以"人民币国际化"为核心的国际金融战略和以互联网金融为主体的国内金融战略，呈现"国际国内两个战略""双轮驱动""三步走"的中国新型金融崛起模式。

关键词：英美金融模式　互联网金融　金融体系　金融崛起

Abstract: This book mainly studied the rise and fall of English and American financial systems and how to achieve China's financial rise through Internet financial strategy. This book analyzed the development of English and American financial systems in the past three hundred years from a historical point of view. Also, it compared the differences between the financial system of Great Britain and of United States from a national point of view. Therefore, it obtained the historical experience that financial development and the real economy are complementary, and financial efficiency and financial stability are indispensable. Based on the historical experience of the English and American financial model, China should seize the opportunity to regulate the development of Internet finance as well as to achieve the concurrence of Internet finance and conventional finance, in order to build up a new financial system with efficient and stable dynamic equilibrium, and then achieve the financial rise of great power.

Key Words: English and American Financial Model; Internet Finance; Financial System; The Rise of Finance

目　　录

导　　论

　　"大金融"理论强调金融服务实体经济的动态拟合①。17世纪末，英国依靠中央银行和商业银行体系提供资本燃料和动力，成功实现了第一次工业革命，成为19世纪头号强国；但该体系"效率性"不足，无法支撑技术持续创新和产业结构调整升级，无法适应新经济内在需求，而与第二次工业革命失之交臂，逐渐走向衰落。

　　19世纪末20世纪初，美国在继承英国中央银行和商业银行体系基础上，依靠逐渐成熟的投资银行体系，完成了第二次工业革命，成为20世纪头号强国；但却又因该体系缺乏监管且"稳定性"不足，存在脱离实体经济和金融泡沫化的风险，直至2007年全球金融危机爆发，美国投资银行体系也宣告破产。英美金融模式的成功与失败，对于中国的发展都是有益的教益，有利于中国在新常态下科学正确地推动金融业的发展创新。

　　英美究竟是如何崛起和衰落的？金融在其中发挥着

①　陈雨露、马勇：《大金融论纲》，中国人民大学出版社2013年版，第3页。

什么样的作用？在世界经济第六个长周期，中国又应如何抓住第三次工业革命的机遇，构建稳健、高效、统一的大国金融体系，全面服务于大国经济和金融崛起的双重战略需要？这无疑是实现中华民族伟大复兴中国梦的重大现实和战略问题。

那么中国的国家禀赋适合什么样的金融体系，中国又该如何改革现有金融体系，才能实现金融"稳定器"与"效率器"的动态平衡，使其更契合实体经济发展，更能满足第三次工业革命内在需求？毫无疑问，这是中国发展中亟须解答的"真问题"，我们要努力抓住国家禀赋找出"真答案"。

本书主题为英美金融道路衰落与中国互联网金融兴起，目的在于分析前两次工业革命中英国和美国的金融体系兴衰的历史经验，以此为鉴探讨在第三次工业革命来袭之际，中国应如何抓住机遇、调整金融战略、建立新型金融体系以实现大国崛起。

具体包括如下几方面的内容。

第一章研究"英国金融模式"，即中央银行和商业银行体系的金融创新。首先，通过分析英国工业革命实施条件，发现工业革命使用的技术创新早已有之，却没有引发经济持续增长，是因为缺少了金融的支持，即"工业革命不得不等候金融革命"。其次，分析英国银行体系的变迁，包括英格兰银行、城市私人银行、地方银行等，由此构建的银行网络体系是在英国实体经济需要的前提下倒逼形成，且成为英国近代金融体系的主体和基础。最后，指出银行体系集中垄断导致英国模式的破产，集中垄断难以灵活迅速融通资金、难以支持产业结构调整、难以支撑中小企业融资发展，最终无法适应新经济内在需求，导致英国经济逐渐衰落。

第二章研究美国金融模式，即投资银行体系的金融创新。投资银行天然的资本运营能力，实现了资本的市场化流动及有效配置，支撑了美国产业结构调整。首先，分析投资银行体系如何顺利化解美国新经济支柱——高新技术和中小企业——的融资困难，并巧妙将之转化为"风险投资"的宠儿，支撑并培育其迅速成长。其次，分析美国模式如何走向衰败，原因在于美国走上"工业化—去工业化—金融化"道路，最终金融脱离实体经济并泡沫化，导致全球金融危机。最后，评述美国当前实行"再工业化"战略，只是对困境的修补而非修复。

第三章研究在第三次工业革命来袭时的中国互联网

金融战略，即如何实现互联网金融与传统金融的创新和竞合。研究互联网金融与传统金融的关系和趋势是竞合而非替代，判断互联网金融对中国金融体系的冲击属于诱制性制度变迁，这是由中国民众和市场主导的，自发性、自下而上、从局部到整体的变革过程，决定了这种变迁是渐进性的。在大金融框架下，传统金融（银行体系）和互联网金融正如车之两轮，应传承传统金融（银行体系）的稳定器功能，发挥互联网金融效率器作用，将两者加以统合，构建中国新型金融体系。

第四章研究互联网金融如何促进金融体系的发展。从默顿金融功能理论出发，从协助买卖交易、聚集资本、资本在时间和空间上的配置、管理风险、提取帮助决定的信息、解决道德风险和信息不对称六个角度，分析互联网金融有效促进金融体系的六大功能，以及其如何推动金融更好地服务于实体经济。

第五章研究互联网金融冲击下金融稳定与金融效率的平衡。中国金融战略取向包含两个目标，即保持金融稳定和提高金融效率。现阶段，为了以最切合实际的方式稳步推进金融改革，基于中国的实际情况（包括政治、经济、文化等诸多方面），深入考察金融体系改革的立足点、阶段和路径考虑，指出一方面要传承稳定器作用，明确银行体系的基础性地位，另一方面要发挥效率器作用，努力发展制度健全的互联网金融，以构建互联网金融与传统金融动态均衡的新型金融体系。

第六章对本书做总结和政策建议，指出金融发展与实体经济相辅相成，金融效率与金融稳定缺一不可。本书认为应将互联网金融放在国家战略层面予以规范、促进，强调实施以"人民币国际化"为核心的国际金融战略和以互联网金融为主体的国内金融战略，呈现"国际国内两个战略""双轮驱动""三步走"的中国新型金融崛起模式。

一 英国金融模式兴起与衰落：金融效率的视角

"光荣革命"发生之后，英国建立起君主立宪制，伴随着英国工农业的发展，英国银行网络、信贷工具、国债制度、伦敦证券交易所相继应时而生，此乃后世史家所称的"金融革命"。[①] 英国近代金融体系已初具雏形，被称为英国金融模式。英国率先兴起了金融革命和工业革命，从一个"蕞尔小国"发展成为"日不落帝国"，影响了世界历史的发展进程。英国的"金融革命"不仅是金融史上的一件大事，而且在世界近代史上也有里程碑的意义。

（一）英国金融革命的兴起：工业革命不得不等候金融革命

10 世纪前后的宋代中国，经济文化发展居于世界最

---

① "金融革命"一词最早由迪克森提出，他在其代表作《英国金融革命：1688 至 1756 年公共信贷发展研究》中，将 1688 年"光荣革命"后英国金融体系的初步形成称为"金融革命"，主要以英国国债市场的发展、英格兰银行的成立、商业银行体系的建立以及伦敦金融市场证券交易的发展为主要内容，并将以此形成的模式称为"英国金融模式"，以区别于欧洲大陆的模式。

前列，是当时最为先进、最为文明的国家。从科学技术上看，宋代的中国领先世界，中国古代四大发明中有三项是在宋朝完成的，即指南针、火药、活字印刷术，指南针开始用于航海，印刷术得到了大幅度改良（毕昇的活字印刷），火药开始用于军事。从经济增长看，10—15世纪，中国 GDP 平均占世界 30%，位居第一;① 从钢铁产量看，1078 年（宋神宗元丰元年），中国的钢铁产量大致为 7.5 万—15 万吨,② 然而 1720 年工业革命前夕，英国钢铁产量也才 1.7 万—2 万吨。③ 无论是科学技术还是经济实力，宋代中国几乎具备了 18 世纪英国工业革命的所有条件。为什么第一次工业革命没有发生在宋代中国，而推迟 700 余年在英国发生?④

实际上，英国工业革命早期使用的技术发明，大多数

① 麦迪森：《世界经济千年史》，伍晓鹰译，北京大学出版社 2003 年版，第 76 页。

② Robert M. Hartwell, "Demographic, Political, and Social Transformations of China, 750 – 1550", *Harvard Journal of Asiatic Studies*, Vol. 42, No. 2., Dec., 1982, pp. 365 – 442. 作者根据宋代兵器制作、铁钱铸造和农具制造等方面的消耗情况估算。

③ 考特：《简明英国经济史（1750 年至 1939 年）》，方廷钰译，商务印书馆 1992 年版，第 104 页。

④ 这实际也是"李约瑟之谜"，目前还没有从金融角度展开的完整解释。

在之前早已有之。然而，技术革命既没有引发经济持续增长，也未导致工业革命。这是因为业已存在的技术发明缺乏大量及长期资金的资本土壤滋养，不能使其从作坊阶段走向规模化的产业阶段。[①] 因此，英国诸如钢铁、纺织、铁路等大规模工业的成熟发展必须经历一个等待的过程，当金融体系逐步完善、金融市场蓬勃发展后，工业革命也就随之发生了。这就是"工业革命不得不等候金融革命"。[②]

英国的金融革命始于世界上首家中央银行——英格兰银行的建立。1694 年，英国"九年战争"激战正酣、耗费巨大，政府大举借债仍入不敷出，于是成立英格兰银行为战争募资，后发展成为英国中央银行。1720 年，为应对"南海泡沫"金融危机，英国政府制定《泡沫法案》以限制股份自由转让、限制英国股票市场发展，促使城市私人银行、地方银行等商业银行蓬勃发展。中央银行和商业银行共同构建的银行网络体系，成为英国近代金融体系的主体和基础，不断为工业革命注入资本燃

---

① 经济学家皮特·罗素（Peter L. Rousseau，2001）将此现象定义为"金融引导"，将经济加速成长的原因归于金融体系的大跃进。

② 约翰·希克斯（John Hicks）：《经济史理论》，厉以平译，商务印书馆 1999 年版，第 37 页。

料和动力，推动了工业经济跨越式发展。

（二）英国金融模式的形成：中央银行及商业银行体系

"英国金融模式"一词最早由迪克森提出，他在其代表作《英国金融革命：1688 至 1756 年公共信贷发展研究》中，将 1688 年"光荣革命"后英国金融体系的初步形成称为"金融革命"，将"金融革命"形成的模式称为"英国金融模式"，主要指英格兰银行的成立、商业银行的建立，以及以银行体系为主的金融体系的形成，并以此区别欧洲大陆的模式。

1. 英格兰银行：从私人股份银行到中央银行

在英国金融模式的形成中，一个非常关键的事件就是英格兰银行的诞生。在近代，由于英法战争以及英西战争的进行，英国政府产生了巨额的财政赤字，英格兰银行为填补赤字应运而生，它的成立同时引发了英国金融革命的爆发。[1]

英格兰银行的成立有其独特的历史背景。1688—

---

[1] 王勇：《"世界金融史上的革命"：论十七、十八世纪英国金融体系的形成》，《贵州师范大学学报》2008 年第 6 期。

1697 年，英国正进行着"九年战争"，英国政府四处借债仍然无法满足战争的巨大支出。此时，巨贾威廉·帕德森（William Paterson）意识到了政府的困难，便提议让私人出资认购英格兰银行股份，然后银行以 8% 的利率贷款给政府，再收取数额较少的管理费。这样一来，对于政府来说，筹资的成本将大大低于以往，但同时政府需要给予英格兰银行一定的特权，比如吸纳发放贷款等，最重要一点是英格兰银行可以发行签发背书后能进行转让的票据来发放贷款。英国政府最终认可了这个提议，英格兰银行的 120 万英镑股份在很短时间内就被认购一空。政府以年利率 8% 获得了这笔 120 万英镑的借款，加上 4000 英镑的管理费，以每年 10 万英镑的融资成本融得了这笔款项。由于受到人们的看好，英格兰银行的股票很快以高于票面价值的价格进行交易，认购的股东们由伦敦的金融人士、阿姆斯特丹的投资者、犹太人以及英格兰在国外的侨民组成。[①]

在成立之初，英格兰银行的主要经营业务都与政府有关：筹资贷款给政府，帮助政府发行债券，组织国库券的

---

① P. G. M. Dickson, "The Financial Revolutionin England", *A Study in the Development of Public Credit*, *1688 - 1756*, London, 1967.

认购，兑付政府债券，处理税收，等等。除此以外，英格兰银行也像一般商业银行一样接受存款、进行金银贸易、为大贸易公司和商人开设账户、接受客户的应付汇票并将其计入客户的贷方、承兑和贴现票据、发行银行券（所谓的"流通钞票"）等。英格兰银行对于政府的财政运转有着极大的帮助，政府也给予其更多的特权。1697年颁发的新特许状，允许英格兰银行发行无须背书即可流通的银行券，并给予独占的特权。1708年的特许状进一步明确了这种特权，禁止"股东在六人以上的其他银行在不列颠的英格兰区域内以汇票、或即期票据、或期限在六个月以下的票据来借、贷或承兑任何款项"[①]。

由于和政府特殊的关系，在18世纪的整整100年中，英格兰银行独家垄断了银行券的发行权。[②] 人们越来越多地开始使用英格兰银行的银行券进行交易，"英格兰银行最初发行的是20英镑面额的银行券，1759年，第一次发行10英镑面额的，1793年首次发行5英镑面额的银行券，直到1797年才开始发行1英镑和2英镑小面额的

---

① 马歇尔：《货币、信用与商业》，叶元龙、郭家麟译，商务印书馆1986年版，第306页。

② 王勇：《"世界金融史上的革命"：论十七、十八世纪英国金融体系的形成》，《贵州师范大学学报》2008年第6期。

银行券"。① 在伦敦地区，英格兰银行的银行券非常盛行，人们在交易时纷纷采用这种方式。由于英格兰银行的信誉非常好，在社会上的评价声望越来越好，以至于有"像英格兰银行一样可靠"的说法。英格兰银行的银行券非常方便，任何时候都可以拿到英格兰银行的柜台兑换现金，于是越来越多的商人开始采用银行券进行交易结算。于是，"人们对英格兰银行的银行券的信任慢慢地、不断地、踏踏实实地增长着"②。

信用的可靠及结算的便利使得英格兰银行发行的银行券在18世纪逐渐代替硬币而推广开来，成为日常流通的信用极高的纸币。"1698年，英格兰银行已发行了价值134万英镑的随时可兑现的银行券，到了1720年，这个总数升至248万英镑。"③ 英格兰银行依靠着经营特权以及良好的经营状况，在银行业的竞争中占得了先机，实际上起到了中央银行的作用。

---

① Dennis Cox, *Banking and Finance*: *Accounts*, *Auditand Practice*, London, 1993, p. 8.

② 金德尔伯格：《西欧金融史》，徐子健、何建雄、朱中译，中国金融出版社2007年版，第87页。

③ 奇波拉主编：《欧洲经济史》第二卷，贝昱、张菁译，商务印书馆1988年版，第474页。

2. 城市私人银行的发展：英格兰银行的有益补充

伦敦的私人银行前身大多数是金匠铺，金匠们吸纳存款然后再贷款出去，实质上扮演了一个银行的角色，中世纪的金匠们也就逐渐变成了近代的银行家。所以早期的伦敦私人银行业务常同金匠业混合在一起，它们在经营银行借贷、票据结算等业务的同时，也经营贵重玉石、金器，从事商品和船只等贸易活动。①

17 世纪随着英国经济的迅速发展，社会储蓄不断膨胀，而投资机会大量匮乏，闲置资金急需出路。这直接导致"南海泡沫"的发生，大量银行随着泡沫的产生而涌现，又随着泡沫的褪去而衰落甚至倒闭。最后存活下来的大都是规模较大、资金雄厚、经验丰富的私人银行，随着发展，这些私人银行大多放弃了金匠业务，越来越专业化。"他们小心慎重地保持政府债券投资和商业信用之间的平衡……同样，他们也是平衡伦敦资本市场短期和长期结余的媒介。"②

从 1725 年到 1785 年，私人银行的数目从 24 家上

① 金德尔伯格：《西欧金融史》，徐子健、何建雄、朱中译，中国金融出版社 2007 年版，第 87 页。

② Henry Roseveare, *The Financial Revolution*, *1660 – 1760*, Longman, 1991, p. 7.

涨到了 52 家。伦敦的私人银行分为两类，二者差别明显：第一类是伦敦"城"的银行，即坐落于伦敦中心金融区的银行；第二类是伦敦西区的银行，它们靠近议院以及权贵们的住宅区。伦敦"城"的银行主要业务是经营政府债券和英格兰银行、东印度公司及南海公司的股票，同时担任荷兰投资者和英国地方银行的金融代理，它们是地方银行的主要代理行。伦敦西区的银行主要业务是与绅士和贵族相关的，从事抵押或透支贷款：在每年 11 月和 5 月的季节性波动中将租金从乡下汇到伦敦西区贵族住宅区，为上等阶级提供在欧洲旅游用的旅游支票；有些土地所有者贷款资助市政厅、新建或扩建的乡村宅邸、圈地、排水工程、公路和水渠；许多人借款是为了消费，包括为即将婚配的子女准备彩礼或嫁妆；等等。另外，城市私人银行的从业者来源广泛，除了普通商人、公证人、包税商、金匠外，还包括酿酒商等阶层的人物。①

城市私人银行作用非常大，它为城市建设发展提供了大量融资，保证了与地方银行的有效联系，同时也为

---

① 金德尔伯格：《西欧金融史》，徐子健、何建雄、朱中译，中国金融出版社 2007 年版，第 88 页。

居民提供了方便的借贷业务，有效补充了英格兰银行的职能作用。在英国的银行体系中，城市私人银行是非常重要的一部分。

3. 地方银行的发展：英国银行网络体系的构建

当伦敦的银行业正欣欣向荣时，地方银行（Country Banks）也应运而生。18 世纪中叶之前，英国的地方城市里，也有商人提供存贷款业务以及贴现票据。在当时，地方的治安并不是很好，如果想要把现金从地方运到伦敦或者是从伦敦运到地方危险性很大。很多人就选择将自己多余的现金存在一些很有威望的商人那里。商人面对这些闲置的资金，自然而然也就把钱贷出去，收取利息。①

随着社会的不断发展，这些商人从信贷业务中尝到了甜头，开始将其作为主要经营业务。在英国各个地方及城市，商人因为需要和大量现金打交道，所以产生了委托保管现金及票据结算业务的需求。一般的纳税人都是以硬币支付，这样征税官手中有很多现金，因为转送货币前往伦敦危险性很大，所以征税官常常自己来保管

---

① 考特：《简明英国经济史（1750 年至 1939 年）》，方廷钰译，商务印书馆 1992 年版，第 104 页。

现金。地方银行恰好能够满足他们的需要，这样一来他们便可以将钱存在银行，直接开一张汇票汇往伦敦。

那时，由于地方银行与伦敦银行经常有业务上的往来，因此要建立地方银行，必须与伦敦金融界建立密切的联系。这些地方银行的商人们往往之前就与伦敦金融界有业务上的联系，在自己的银行成立以后，也会长期派人驻扎在伦敦。这些精明的商人还会巧妙地把握时机，利用向经过他们地方的达官贵族提供帮忙的机会，与伦敦的金融界、政界建立关系。①

同时，伦敦金融界（主要是城市私人银行）也非常渴望与地方银行建立密切的合作关系。他们不仅非常热情地联系到伦敦的地方私人银行家，也会派出自己的低级的合伙人到地方上去考察。如果觉得条件成熟，就会将银行的业务开展到地方上去。这些银行在英国的银行体系中起着关键的作用，它是连接伦敦和地方银行的桥梁。地方银行由于规模的原因，无法吸纳大量的存款，因此也无法提供大数额的贷款。但是地方银行却很适合贴现票据，因为这些票据方便保存又随时可以在伦敦的

---

① W. R. Bisschop, *The Rise of the London Money Market: 1640 – 1826*, London, 1910, p. 145.

金融市场上再贴现或者换成现金。地方银行发展迅速，1797 年共有 400 家，到 1810 年超过了 700 家。[①]

随着英格兰银行、城市私人银行，以及地方银行的出现和发展壮大，英国的银行体系逐渐建立起来了。考特在《简明英国经济史（1750 年至 1939 年）》一书中对其作用有着精辟的评价："银行家们为十八世纪的经济生活填平了许多鸿沟。他们缓和了正在发展工业的地区历来出现的资金短缺问题，成为向工农业提供短期贷款的主要贷方。"[②]

总而言之，英格兰银行、城市私人银行，以及地方银行的出现与拓展无疑为英国金融体系的形成注入了鲜活的血液，并奠定了坚实的基础。英国之所以能够称霸世界，其根本基础是金融社会而非工业社会。历史同样印证了经济崛起必然依靠金融强权的结论，从资本市场诞生地荷兰到现代的世界霸权国美国，我们都可以找到金融基础与一个国家经济发展的必然联系。

---

① 考特：《简明英国经济史（1750 年至 1939 年）》，方廷钰译，商务印书馆 1992 年版，第 102 页。

② 同上书，第 104 页。

（三）金融效率的缺失：走向集中垄断的英国银行体系

"大金融"理论强调金融与实体经济结合。[①] 正是工业部门的资本需求和政府借款的需要，促成了银行体系的发展和英国金融模式的兴起；英国银行体系反过来则为工业革命提供资金，促进了工业革命的发展。但是，随着英国工业革命的结束，银行体系为了追求更高的利润，不断实施竞争合并，走向集中垄断，从而不能有效地配置资本、为实体经济服务，英国金融体系因此逐渐失去了"金融效率"。

1. 从银行合并开始：私人银行消亡和股份银行兴起

在英国，一开始银行基本上是以私人银行的形式存在，规模较小，大多数在乡村经营。19 世纪 20 年代的银行业危机后，才允许在伦敦以外设立股份制银行。股份制银行实力较雄厚，能在不同地方设营业处。[②] 银行的分行数量开始增加，再后来私人银行的数量不断减少：1826 年以前几乎全是私人银行，1850 年私人银行减到只

---

① 陈雨露、马勇：《大金融论纲》，中国人民大学出版社 2013 年版，第 3 页。

② 1880 年左右，伦敦及地方银行便在各地设有 80 个营业处的庞大分行网；英格兰国民地方银行则设有 150 个营业处。

占银行总数的 77%，1913 年再减到只占 41%。与此同时，股份制的银行则崛起了，它们分行数量较多，业务经营规模较大，到第一次世界大战之前，98% 的营业处都属于股份制银行，详情见表 1—1。

表 1—1　　　　第一次世界大战前英格兰与威尔士的银行结构变化　　　（单位：个）

年份	私人银行			股份制银行		
	银行	营业处	每家银行营业处	银行	营业处	每家银行营业处
1825	650	650	1.0	0	0	0
1850	327	518	1.6	99	576	5.8
1875	236	595	2.5	122	1364	11.2
1900	81	358	4.4	83	4212	50.7
1913	29	147	5.1	41	6426	156.7

资料来源：M. 科林斯：《英国货币银行史》，陈晓译，中国经济出版社 1988 年版，第 52 页。

　　银行为了自身更好地发展，纷纷选择合并，这样一来又推动了分行制的发展。银行的合并包括早期的股份制银行吞并私人银行然后使其成为自己的分行，同时股份制银行也吞并其他的股份制银行，很多大银行为了在竞争中占得先机，也选择了合并。结果银行数量不断减少而分行数量却急剧增加。到 1921 年，最大的 11 家伦敦清算银行经营着 7500 家以上分行，其中 "五大行" 更统治着全局。

苏格兰和爱尔兰的银行发展情况也类似于英格兰。因为苏格兰和爱尔兰的法律没有限制过股份制银行的建立，在那里股份制银行发展更早。在 1825 年，爱尔兰就有几家股份制银行，到 1850 年股份制银行已有 11 家，数量已超过私人银行。苏格兰更是如此，它率先利用分行辅助总行开展业务。1780 年时，就有苏格兰银行开始建立分行系统；到了 19 世纪中叶，苏格兰银行开始大量扩张自己的分行；1875 年时，平均每家苏格兰银行营业处的数量几乎是每家英格兰股份制银行营业处数量的 8 倍。第二次世界大战前英国银行数的减少和营业处数量的增加情况如表 1—2 所示。

表 1—2　　　　第二次世界大战前英国的银行和银行营业处数　　（单位：个）

年份	英格兰及威尔士		苏格兰		爱尔兰		英国	
	银行	营业处	银行	营业处	银行	营业处	银行	营业处
1825	650	650	36	173	15	25	715	848
1850	426	1094	17	407	16	184	459	1685
1875	358	1959	11	921	12	440	381	3320
1900	164	4570	10	1085	10	614	184	6269
1913	70	6573	8	1248	10	789	88	8610

续表

年份	英格兰及威尔士		苏格兰		爱尔兰		英国	
	银行	营业处	银行	营业处	银行	营业处	银行	营业处
1924	24	8700	8	1476	3	252	35	10428
1929	23	9838	8	1641	3	259	34	11738
1937	21	10118	8	1897	3	262	32	12277

资料来源：M. 科林斯：《英国货币银行史》，陈晓译，中国经济出版社 1988 年版，第 52、206 页。

2. 银行体系的竞争：从资产负债的角度

世界大战之后，金融市场的全面发展使得金融中介种类日益繁多，来自欧洲货币市场的刺激以及金融管制的放松让金融中介的业务范围相互交叉，出现了愈演愈烈的竞争态势。

在银行体系的竞争首要体现为对存款的竞争。由表 1—3 可以看出，20 世纪 80 年代之前，各种金融中介吸纳存款的能力并不稳定，出现此消彼长的态势；由表 1—4 又可以看到，吸纳存款的竞争同样存在于银行系统之中。此外，新兴的金融中介的发展速度相较传统金融中介要快得多，同时非银行中介的发展又要比银行金融中介更迅猛。

表1—3　　　　　　　　　英国各类金融机构的存款负债　　　　（单位：百万英镑）

金融中介类型		英镑及外国通货存款			
		1956 年	1966 年	1976 年	1982 年
银行金融中介	伦敦清算银行	5859	8755	28319	77730
	苏格兰清算银行	710	971	3036	8412
	北爱尔兰银行	125	220	870	1489
	英格兰银行银行部	290	515	1809	2478
	国民划拨银行	—	10	171	722
	信托储蓄银行	1055	2149	4060	8674
	贴现行	909	1156	2649	4944
	二级银行	929	6807	115641	369140
	合计	9877	20583	156555	473589
非银行金融中介	住房协会	2035	5894	24290	66613
	金融行	300	1026	1698	4895
	保险公司与养老基金	3617	16142	51352	144166
	投资信托与单位信托	1500	3586	8688	15423
	合计	7452	26648	86028	231097
总计		17329	47231	242583	704686

资料来源：H. 卡特等：《银行与金融应用经济学》，余萍译，中国金融出版社 1984 年版，第 56—57 页。

表1—4　　　　　　　　英国各类金融机构的存款负债　　　　（单位：百万英镑）

年份	零售性银行	商人银行
1983	88921	8415
1984	96574	9800
1985	109859	11358
1986	131261	14609
1987	157718	18863
1988	191286	24131
1989	266422	28916

资料来源：H. 卡特等：《银行与金融应用经济学》，余萍译，中国金融出版社 1984 年版，第 57 页。

　　结合数据我们可以进一步进行分析，首先，从存款方面看，以伦敦清算银行为代表的清算银行系统存款占比日渐减少，从1956年占银行系统存款的67.8%，占总存款的38.6%，到1982年只分别占45.7%和17.3%。其次，从银行系统看，从80年代起英国国内银行吸收存款所占比重下降而海外银行所占比重逐步上升，其中以日本银行与其他海外银行为首上升速度更为迅猛。海外银行不仅在其他通货存款上具有显著优势，从1983年约占80%增长到1988年的85%以上①，还在英镑存款方面有着不俗的表现，其同期所占比重从21%增长到30%。②这直接导致英国零售性银行和其他银行在英镑存款方面所占比重缩水，同期前者从57%缩减到52%，后者从17%缩减到11%。同时压缩了其他英国银行在其他通货存款方面的占比，从10.5%减到2.5%。日本银行的突出表现得益于其当代经济与金融实力的显著提升，而其他海外银行存款占比的提高说明了外国银行进入伦敦金融市场更加频繁、自由，使得英国金融市场更为开放，

---

　　①　1989年因第二大住房协会——艾比国民住房协会改编为银行，加入零售性银行行列，使统计发生断裂，不好对比；其中日本银行从27%增到38%，其他海外银行从28%增到34%。

　　②　其中日本银行从3%增到8%，其他海外银行则从11%增到18%。

向着国际化方向发展。

3. 以商业银行和住房协会为代表的中介之争

住房协会与商业银行之间的激烈竞争是各类金融中介相互竞争的一个典型代表。一开始，商业银行与住房协会有着明确的分工与清晰的业务边界，传统银行系统负责零售性银行业务，而住房协会专攻参照专门立法的会员股金和存款的吸纳，以提供住房抵押贷款。但是在70年代后期，随着住房协会出台利率优惠政策并提供更为方便的营业时间，私人部门存款大量向住房协会转移。从国民储蓄银行到传统清算银行，住房协会在竞争之路上越战越勇。尤其是在80年代之后，金融体系内各种管制的松绑使得零售银行与住房协会的能力范围进一步重合，业务边界更加模糊。住房协会乘胜追击，加紧进入零售银行的传统领域展开竞争，放开可用于交易目的存款的来源限制，甚至为客户提供原本属于银行专利的支票便利，以上举措让住房协会在这场中介之争中处于优势。

面对这种不利形势，商业银行也试图采取挤占住房协会传统业务领域的方式扳回劣势。于是银行一举打入对住房抵押贷款领域，并很快取得了成效，成功地挤占了住房协会在每年购房净贷款中所占的份额。我们可以清楚地从表1—5中看出这一变化：1980年以前，住房协会一般占购房净贷款80%以上，而商业银行占比很低；1980年以后，住房协会所占比重明显下降，最小时为50%左右，相比之下商业银行比重大幅提升，最大时达到35%左右。从表1—5中我们还可以看出，使得住房协会所占购房净贷款比重下降的原因还有其他金融机构更多地参与这一领域的竞争，在1986年之后其他金融机构所占比重陡然上升，到1987年达到了最高的约13.6%。

表1—5　　　　英国购买住房贷款分布（当年净贷款数）　　（单位：百万英镑）

年份	住房协会	商业银行	其他	总计
1975	2768	60	902	3730
1976	3618	80	230	3928
1977	4100	121	141	4362
1978	5115	275	47	5437
1979	5271	597	593	6461
1980	5722	593	1018	7333
1981	6331	2448	710	9489
1982	8147	5078	916	14141
1983	10928	3531	66	14525
1984	14572	2043	457	17072
1985	14711	4223	182	19116
1986	19541	4671	2369	26581
1987	14580	10005	4341	28926

资料来源：H. 卡特等：《银行与金融应用经济学》，余萍译，中国金融出版社1984年版，第77页。

4. 银行体系结构变迁和寡头出现

正如前面所讲，伦敦清算银行作为清算银行系统的巨头在20世纪50年代中期通过合并形成了"五大行六小行"① 的统治格局，而在60年代末新一波合并浪潮后，又形成了"四大行两小行"② 的整体格局，其中"四大行"主要掌控大局。苏格兰清算银行虽然没有在20世纪初的大合并浪潮中随波逐流，但到了50年代还是进行了两次合并，只保留了3家。

实际上，在清算银行系统中被四大行控制的不光只有伦敦清算银行，还有苏格兰清算银行和北爱尔兰银行。四大行集团通过子银行或联系银行的关系与6家伦敦清算银行、3家苏格兰清算银行和2家北爱尔兰银行保持着紧密联系，展现出高度垄断局面。

除去四大行对清算银行体系的垄断，英国其他各类银行也存在着显著的特点。1988年"世界1000家银行"中英国入围的31家银行除四大行外还包括其他零

---

① 五大行指：米德兰银行、劳埃德银行、巴克莱银行、西敏寺银行、国民地方银行。六小行指：格林·米尔斯银行、威廉·迪肯斯银行、国民银行、马丁斯银行、狄斯楚克银行、库茨银行。

② 四大行指：米德兰银行、劳埃德银行、巴克莱银行、国民西敏寺银行；两小行指：威廉与格林银行、库茨银行。

售性银行、商人银行和其他英国银行。入围的大银行中由英格兰银行认可的 8 家最大银行资产总和占这 31 家入围银行资产总和的 85% 之多，利润总和占比更是高达 93%，清楚地揭示了英国银行系统集中化的问题。集中化的问题普遍存在，在住房协会方面格外突出。由于住房协会最初是规模很小的地方性组织，成立时相互独立，在 20 世纪初共有 2286 个，平均每个协会拥有会员 256 人、资产 2.6 万英镑。几十年间经过不断合并，在 1970 年协会数量削减为 481 个，平均每个协会拥有会员 2.1 万人、资产 2250 万英镑。之后不断合并，协会数目的减少伴随着分会数目的增多，到 1989 年协会数目已削减到 126 个，平均每个协会拥有会员 33.4 万人、资产 14.4 亿英镑。集中化不仅体现在大规模的合并上，还体现在极少数的具有权威的大住房协会在逐渐掌控协会的整体实力。1970 年，住房协会资产总和的 64% 由当时最大的 10 家住房协会占有；1987 年，15 家最大的住房协会占资产总和的比重升高到 85%，其中的五巨头（哈里法克斯、艾比国民、全国、伍尔威茨和李氏永久）就占有总资产的 50% 以上。而仅最大的哈里法克斯就独自掌控着整个英国 20% 的住房金融市场份额。

集中化的问题不仅出现在银行和住房协会这两大领域，合并与吞并的发生、资产向少数机构集中，导致其他金融中介也有这样的集中化趋势。1966—1972 年 7 年间，被吞并的金融机构（包括金融行、保险公司、投资信托及其他）就有 787 家，资产总值近 22 亿英镑。①

银行体系中各机构呈现集中垄断化发展，资本也随之积累、集中，形成一种产业资本与银行资本相结合的资本形态——金融资本。金融资本起源于产业向工业化的转变，这样的转变让企业提高了对银行投融资的依赖程度，资本继续在生产生产资料的部门积累与扩张。这样，银行体系的集中垄断与重化工业垄断同时发展、相辅相成，抑制了经济体系内部的创新与突破。银行体系的垄断使得资金融通受阻，资源难以有效配置；重化工业垄断就使得产业结构僵化且难以调整，中小企业融资创新困难。多方面的阻力使得英国经济逐渐失去活力，步步走向衰落。

---

① 资料来源：《英格兰银行季度公报》，1978 年 3 月。

（四）英国金融模式的衰落：无法适应新经济内在需求

由上述分析可知，18 世纪 60 年代至 19 世纪中叶，英国商业银行体系借助第一次工业革命迅速累积资本、发展壮大，走向"托拉斯式"的集中垄断。[①]"托拉斯式"的银行体系"效率性"不足，难以支撑技术持续创新和产业结构升级，无法适应新经济内在需求，导致英国经济逐渐走向衰落。

1826 年，英国政府颁布《银行法》，鼓励股份制银行的发展。为追求垄断的高额利润，股份制银行迅速吞并私人银行或合伙银行，同时兼并规模较小的股份制银行，从而使得资本高度集中。垄断的银行体系最大限度地占有稀缺资源，也更加注重短期回报、轻视工业创新的长期投资。资本的集中更加强化了其"逐利性"本质，通过特许贸易公司、殖民活动甚至战争[②]，拓展具有

---

① 未形成银行的托拉斯，因此只能是"托拉斯式"的，表现方式为资金优势和强制利率。

② 英国资本需要寻找新的出口，更偏好国际投资机会，因为全球市场才有更高的利润率：一方面促进商业与航运业的发展，积极推进海外探险，建立特许贸易公司，垄断对外贸易；另一方面，不惜发动商业战争和殖民活动，为本国经济开拓一个世界市场。

更高利润率的国外市场，进而忽视了本国工业的技术创新和产业的调整升级。英国集中垄断的商业银行体系失去效率和活力，不能给英国经济提供长期发展、动力不竭的资本市场，"日不落帝国"逐渐衰落。

同时，从另一个角度，实体经济总是与金融模式相伴而行，英国经济走下坡路是伴随着金融模式的衰落而开始。威尔·赫顿认为，英国金融业缺乏对国内工业的长期资本投资是经济衰落的主要原因。他说："英国资本主义的过程实际上就是金融业与工业恶劣关系的历史。"英国金融部门由于资本的逐利性，往往更加注重投资的短期回报，而忽略了对工业部门的长期投资，工业创新缺乏了资金支持。英国这些金融机构因为自身资金也需要支付一定利息，对于它们来说，短期投资回报快的项目更值得青睐，到了工业革命后期，它们无法在国内寻找到足够多的资金出路时，开始将视野投向国际市场。英厄姆在他颇具影响的《资本主义分裂了吗：英国社会发展中的城市与工业》一书中也认为，伦敦金融城实行金融垄断后，注重短期回报、轻视新的资本投资导致了制造业的衰落。

对此，我们可以从格申克龙（Alexander Gerschenkron）和柯林斯（Randall Collins）着眼于"长时段"的论述得到解释。格申克龙在《经济落后的历史透视》一书中指出，英国经济的"大迸发"主要发生在18世纪末19世纪初，这时从早几个世纪的贸易、现代化的农业和后来的工业化本身积累的资本已"排除了为工业提供长期资本而发展银行的压力"，"银行只需积累和利用资本，不需要创造"。① 柯林斯在《冲突社会学》中补充说，英国资本主义实行的金融体系寡头统治，银行体系最大限度地占有稀缺资源的数量和提高自己的主观地位，由于财富、权力及其他产品的不平等分配引起冲突，导致发展的不平衡，"满足不了经济的长期投资需要"。

在金融市场方面从一开始的零监管到后面的矫枉过正，使得英国股票市场的发展受到了限制。在英国，股票交易从1555年左右就开始，到17世纪末的时候，股票交易在伦敦过于火爆，人们毫无理智地将资金大量投入股市之中，最终酿成1720年的"南海泡沫"事件。这一事件以后，英国议会迅速出台了《泡沫法案》（*The*

---

① 姚爱雨、陈祖洲：《英美学者关于英国衰落问题的研究》，《世界历史》2002年第4期。

Bubble Act）来限制公司股票的上市。该法案对于上市公司的要求过于严格，导致英国的股票市场一直停滞不前。①

正是"迟到"的资本市场，错过了英国技术创新和经济结构升级的最佳时间：英国在 1825 年废除《泡沫法案》，允许成立股份公司；1834 年制定《贸易公司法》，部分放开公司的成立，规定皇家政府可用"专利证书"确认法人社团的全部或部分特权，不必颁发特许状；1844 年制定《公司法》，终于放开公司成立，不必再有特许状和国会法令授权。从《泡沫法案》颁布，直到整整 130 年后的 1850 年，证券交易所才开始涉足工业证券和股票交易，股票市场才逐渐发展起来。② 但是，在 19 世纪五六十年代，当英国股票市场发展起来后，英国的技术创新已远远落后于美国。这一时间段内，英国错失了成为资本主义世界中心的良机，给予了美国后来居上的机会。

---

① 陈志武：《中国需要什么样的金融？》，《国际融资》2006 年第 3 期。

② 考特：《简明英国经济史（1750 年至 1939 年）》，方廷钰译，商务印书馆 1992 年版，第 104 页。

二 美国金融模式的兴起与衰落：
金融稳定的视角

19 世纪末 20 世纪初，美国在继承英国中央银行和商业银行体系基础上，依靠投资银行体系及金融创新，支持美国完成了第二次工业革命，成为全球霸主。1933年，为应对经济大萧条，美国制定《格拉斯·斯蒂格尔法案》，实行严格的分业经营制度，限制商业银行投资业务，促使投资银行体系迅速发展，逐渐由银行主导型金融体系转变为市场主导型金融体系。

美国以投资银行为主体的市场主导型金融体系，具有天然的资本运营能力，实现了资本的市场化流动及有效配置，支撑美国经济结构调整和产业升级。投资银行与生俱来的"金融创新"品质，通过融资证券化和资产证券化提供了经济快速增长所需要的更高流动性和信用催化，并借此主导五次并购浪潮，淘汰落后产能，推动经济结构优化。同时，投资银行体系顺利化解高新技术和中小企业的融资困难，通过风险投资支撑技术创新和产业升级，培育其迅速成长为美国新经济的支柱。因此，投资银行体系及其创新对于美国的崛起具有巨大的引领和推动作用。①

（一）美国金融模式的形成：投资银行体系概貌

美国的投资银行发端于 19 世纪初期，发展相对较晚。1826 年撒尼尔·普莱姆一手开创的普莱姆·伍德·金投资银行被公认为是美国最早的投资银行。② 虽然产生时期晚于英国，美国的投资银行却以迅猛的发展速度占领了资本市场的高地，成为现代意义上投资银行的典范。为美国投资银行提供大显身手机会的是其内战时期铁路的大规模兴建。为了兴修铁路，美国政府开始大量发行债券以谋求资金，这些债券一度漂洋过海去往欧洲市场，成为欧洲证券市场的主要交易品种。基建设施的修建带动了证券行业，也激发了投资银行的功能。但在当时，国民银行和私人银行并存于证券市场中，私人银行的业务开展规模有限。1864 年《国民银行法》出台，该法令

---

① 需要注明的是，不能说没有投资银行体系，就没有美国的崛起。因为美国于 1894 年经济总量就超过了英国，而投资银行体系迅猛发展是在 1933 年后。

② 袁友军：《论风险投资的地位与作用》，《科技创业月刊》2007 年第 7 期。

规定国民银行不得进入证券市场，于是从事证券业务的私人银行抓住了机会，在证券市场上从事承销或者投资业务，有的甚至兼营两者，加速了投资银行的发展。这之后投资银行的发展历史按时间顺序和活跃程度大致经历繁荣期、衰退期、复苏期和兴盛期四个阶段。

1. 繁荣期（1900—1929）

20 世纪 20 年代，第一次世界大战后的世界格局重新洗牌，美国经济在战后迅速繁荣，诸多新兴企业迎来了发展的浪潮。与实体经济的蓬勃发展相对应，债券和股票市场也在快速发展，企业债券和股票由于资本市场融资成本低、期限长的特点备受各个企业关注，成为公司融资的新途径。投资银行的形势也因资本市场的繁荣而一片大好。然而，繁荣的背后隐藏着巨大的风险。1927年《麦克法登法案》的出台为商业银行分支机构进入承销领域提供了机会，而此时美国的投资银行也在经营着证券承销和分销业务。商业银行受到利益驱动开始铤而走险，将储户的资金通过受其控制的投资银行投放到具有巨大风险的证券市场中去，造成了严重的股市泡沫。商业银行和投资银行混业经营，再加上缺乏相应的监管机构来监督证券行业，这些因素共同为后来的金融和经济危机埋下了隐患。

2. 衰退期 （1929—1933）

迅速繁荣过后，美国经历了一场证券泡沫破灭下的经济危机。1929 年，美国股市陷入崩溃，"大萧条"不仅席卷美国，还对世界经济造成了持久和深远的影响。全球的金融局面一片惨淡，投资银行也不可避免地在这场萧条中受到重创。为了振兴投资银行，同时防止金融风暴的再起，美国于1933 年调整了证券投资活动的结构和渠道，并规定了若干证券投资活动的根本原则，形成了著名的《格拉斯·斯蒂格尔法案》。该法案的实施打破了美国银行业混业经营的局面，至此投资银行与商业银行步入分业经营的阶段，美国银行迎来了最具历史意义的一次深刻变革。

3. 复苏期 （1934—1980）

1934 年以后，美国经济的复苏带动了全球经济回暖。尽管欧洲和日本的投资银行发展仍然受到战争的制约，美国的投资银行业务已经峰回路转。战争影响之下国库券在证券市场上成为主流，美国投资银行凭借竞价承销和协议承销业务在分业经营的状态下走向活跃。在此期间，第一次大规模的合并浪潮于 20 世纪 60 年代兴起，大量的企业并购活动吸引了一些顶尖投资银行的关注，激发了风险套利的流行。许多一流的美国投资银行已经不满足于本国市场，纷纷走向欧洲谋求利益。在具体业务上，1965 年短期公开市场的发展为投资银行业务开辟了新渠道，投资银行开始经营短期金融中介业务。当然，这段时期也伴随着各种交易制度和法律法规的完善，比如 1970 年《证券投资保护法》规定了"投资银行保险制度"，并以此为基础建立了"证券投资者保护协会"，该项由美国政府颁布的制度已经接近于商业银行保险制度，投资银行同样做到了有法可依。

4. **兴盛期**（1980—2007）

投资银行的快速发展不可避免地会受到法律法规的约束，但这个约束在 20 世纪 80 年代之后被打破。美国出于金融发展的考虑颁布了许多放松金融管制的法律和政策，投资银行在毫无阻碍的金融市场上如鱼得水。一方面，金融创新和金融工程让投资银行的发展迈上了新台阶，创造性地发展出杠杆收购、期货、期权、互换等金融工具。但另一方面，监管的放松使得投资银行、商业银行、保险公司和信托公司等金融机构规避了政府对企业的监督管理，各金融机构的经营业务大量交叉，竞争进一步加剧。到 1999 年《金融服务现代化法案》出台后，美国投资银行、商业银行、保险公司和信托公司的业务界限已经完全消解，消失已久的混业经营回归舞台。

（二）"大萧条"后的美国经济：为什么需要投资银行体系

在美国经济发展的早期阶段，证券市场发展缓慢，银行开展的存贷业务对经济增长的影响要大于证券市场。事实上，无论是融资能力还是交易成本，经营存贷业务的商业银行都要比金融市场占优。从融资能力来看，经济发展早期阶段的居民的收入水平不高，在处理盈余资金时比较慎重，存入银行是当时大多数居民的稳健选择。商业银行通过个人存款业务将社会上分散的盈余资金整合起来，集中投入经济快速增长时期有着大量资金需求的基础设施项目建设上，产生了规模经济效益。银行这种动员储蓄的能力远高于金融市场，因此商业银行在资金融通方面比金融市场规模更大，联系的群体也更丰富。[①] 再加上存在长期交易关系和内部信息渠道，商业银

---

① 从交易成本来看，银行实行的"一元审查"机制在对传统工业时期行业的盈利和风险判断上不用大费周折，在项目选择上承担的成本较低。

行在法律制度和市场机制尚未成熟时对信息的搜寻成本要低于金融市场。因此，在金融结构的初级阶段，银行凭借其融资渠道和交易成本方面的优势而成为金融体系的主导，比金融市场发挥着更为广泛的作用。

在经历了1929年发生的"大萧条"之后，美国银行、证券和保险行业分业经营的制度得以确立，商业银行在严格的监管下失去了内部渠道的信息优势，利率的限制也让银行在动员储蓄方面的能力有所不足。加上新兴产业发展背景下对于新技术的风险评估越发复杂，"一元审查"制度已经难以对投资项目选择做出最优判断，美国商业银行在金融体系中的地位不复从前。[1] 同一时期，美国日益规范的法律制度和运行机制肃清了金融市场的混乱状态，上市公司信息公开披露制度为金融市场的安全运行建立了保障，金融市场欺诈舞弊行为得到了严肃处理，市场在逐渐完善的法规准则下开始代替银行成为金融结构的主导。在市场运行机制的保障下，美国金融市场和投资银行体系开始活跃起来。一方面，包含市场价格、公司治理和信息披露等多层次筛选机制的

---

[1]　韦碧君、唐恺：《从两种金融系统的比较看我国商业银行改革》，《法制与社会》2008年第15期。

"多元审查"制度更为合理地选择出了不同风险级别的投资项目,另一方面,居民由于不断提高的收入水平更愿意在金融市场投入大量的资金,因此,融资方与投资方一拍即合,新兴产业不断发展壮大,居民也取得了相应的收益。高效配置资金的"多元审查"机制和居民不断提高的风险承受能力二者共同推进了金融市场在发挥金融功能方面的作用,催生出灵活多样的金融工具来辅助新兴产业的迅速发展,对资金进行有效合理的配置,金融市场因此成为新的金融结构主导。

可以看到,银行和金融市场分别在不同的时期各自成为金融结构中进行资源配置的主导因素。虽然经济环境和法律制度在这种变化中起到了重要的作用,但本质上决定经济主体选择银行还是金融市场的,其实是经济人的理性。为了最大化自身效用,经济主体会认真比对收益成本,在选择银行或者金融市场时力求效益最大化。于是,当经济社会环境发生调整、市场机制逐渐完善后,金融市场代替了金融中介的主导作用,金融结构也就相应发生变迁。金融中介与金融市场相对位置的改变,归根结底还是在于经济学最根本的理性人假设。

（三）美国高新技术和新兴产业：投资银行体系如何推动

在刚刚进入 20 世纪 80 年代之时，美国的产业发展曾面临严重的危机。由于传统工业制造业几乎走向停滞，美国在国际竞争中受制于德国、日本等国家的产业优势，产业竞争力出现颓势。为了扭转在国际竞争中的不利地位，美国政府实行了一套"软化"的政策，试图将产业结构调整为着眼于技术和知识生产的软件产业结构。而当时的产业结构还是沿用工业化时期以来看重物质生产的硬件产业结构，要实现产业结构优化升级，必然离不开信息技术和知识经济的重要作用，这是高新技术产业发展的根基。[①] 在配套的经济金融政策的协调下，传统工业中劳动密集型产业，比如纺织业和服装业，开始向资本和技术密集型产业转变；而资本密集型产业，比如钢铁和汽车业，则转变为技术密集型产业。在传统工业经过高新技术的改造后，产业生产率和宏观经济效率有了极大的提高，美国重新取得了在国际产业竞争中的先手。

[①] 周勇、王国顺、周湘：《要素角度的产业划分》，《当代财经》2006 年第 3 期。

　　十年之后，美国伴随着计算机和互联网的发展步入了20世纪90年代。从1993年到1996年，国民经济增长中高达27%的比例由高新技术通信和信息产业实现，信息经济时代成为当时美国经济一大特征。信息产业具有较长的产业链，无论是横向还是纵向都能扩展出一系列的分支，许多更为细分的新兴产业逐渐出现：集成芯片的生产从计算机整机生产中分解出来；软件供应商及软件产业来源于生产计算机硬件的配套设施；互联网络和电子商务等一批新兴产业也来自单个计算机的生产。再加上门槛低、易普及，一大批以高新技术为核心的中小企业走向大众，在信息技术产业这一核心链条上催生出了"新经济"时代，美国经济借此出现低通胀、高增长和低失业率的良好态势。①

　　在新兴产业的发展过程中，大量的风险投资从职业金融家那里投入这些迅速发展的产业。美国"全美风险投资协会"将风险投资称为投向巨大竞争潜力企业的权益资本，一语道出了风险投资的流向和用意。就投资行为而言，风险投资的资金投向了高新技术研发领域中的

---

　　①　该发展趋势从1991年3月开始一直持续到2000年5月，总时长达到111个月。

小型高科技企业，虽然投资中难免有着失败的可能，但高新技术成果一旦转化为现实生产力，将具有广阔的发展前景和高额的资本回报。而且风险投资对于高新产业的支持不止停留在某一阶段。除了在种子期提供种子资本外，风险投资还有导入资本、发展资本和风险并购资本等多种类型，从而满足企业后续发展阶段对资金的需求。就运作方式而言，资本在投向具有竞争潜力的高新技术企业的过程中由专业人才经手管理和运作，参与企业经营和管理的也都是某一领域的行业能手和管理专家，这样便于识别出企业初创时期的发展前景和创新项目运作中可能出现的种种风险。风险投资不是短线投机行为，通常的风险投资期限达到3—5年，并通过股权投资的方式在企业走向成熟后进行股权转让，比如上市、收购、并购等。因此企业控制权并不是风险投资的主要目的，能够通过股权投资实现投资收益，这才是风险投资运作的原则。

美国高新技术产业之所以能够在风险投资的推动下不断发展，很大程度上靠的就是风险投资运行机制的诸多特性。首先，风险投资的目标具有战略性。风险投资者不会因为短期盈利而置企业的长远发展于不顾。高新企业是否具有成长的动力和潜力，才是风险投资最看重的。①

　　其次，风险投资是权益性投资。风险投资的权益性使其迥异于传统融资方式，较之银行贷款等融资渠道而言，风险投资没有任何担保或者抵押做保证，也不追求本金和利息的收回。直到企业发展成熟之后，风险投资者才通过股权转让机制取得投资回报，通过二板市场上市或股份回购得到的资金继续投向新的风险项目上。得益于风险资本的循环过程，企业因此能够卸下传统贷款还本付息的重担，融资成本的降低在一定程度上促进了企业的迅速发展。

　　再次，风险投资往往伴随着高效益。通常而言，只要有30%的项目获得了成功，风险投资的投资回报就不仅能弥补剩余70%失败的项目，还能多出一大截丰厚的利润。在企业上市、并购、回购和股权交易等过程中，风险投资都能随时抓住机会实现退出。丰厚的投资收益使投资者敢于面对风险损失投入资金，美国新兴产业的发展在风险资本的参与下得到了推进。

---

① 正是基于对创新项目内在价值和发展前景的注重，风险投资能够在企业遇到融资困境时伸出援助之手。反过来讲，受到资金支持的企业的发展空间得到拓宽，创新项目的成功率大大提高，创新型企业的蓬勃发展带动了美国经济的快速增长。

最后，风险投资的组织形式有创新特色。由于美国小企业投资公司受到《1940年投资公司法》在资金来源和投资报酬等方面的约束，公司发展进步空间不足，美国风险投资公司形式从最初的小企业转变为有限合伙制。作为一种创新型组织形式，美国有限合伙制兼具合伙制和股份制的优点，跳过了《1940年投资公司法》的诸多限制，为风险投资家建立起灵活的报酬支付方式。在有限合伙制的运行下，美国风险投资者的报酬取决于企业的经营管理业绩，投资者的利益目标与个人利益和企业利益统一起来，既提升了投资者的投资积极性和投资规模，又推动了高新技术产业本身的发展。由于灵活地解决了风险投资过程中的委托代理问题，风险投资在美国技术创新进程中发挥了重要作用。[1]

从以上特征可以看出，长期而言，风险投资的战略目标在专业人才的带动下发展壮大了企业，一些具有发展潜力和内在价值的企业得以突破风险的限制筹集到大量资金，实现高新技术的商业化。风险投资者则通过有效的股权转让机制实现了自身的投资收益，不断扩大资

---

[1]　丁文锋：《〈风险投资中的委托代理问题研究〉述评》，《西安石油大学学报》（社会科学版）2010年第2期。

本积累的规模。因此，风险投资在一定意义上促进了美国产业结构的升级，美国新兴产业的发展也反过来回报了风险投资者，达成一个双赢的局面。

（四）金融稳定的缺失：美国工业化、去工业化、金融化的历史演进

从 18 世纪工业资本主义在英国确立，到 19 世纪末的金融资本主义，再到 20 世纪末的国际垄断资本主义，在资本主义体系积累周期中处于核心地位的国家似乎难逃工业化、去工业化与金融化的演进规律，那么三者之间内在的关系是什么呢？这种演进的机制又和资本主义生产方式有何内在的联系呢？

总的来看，美国 18 世纪 90 年代以来的历史进程遵循着工业化、去工业化和金融化的演变路径，这也是当时欧美资本主义国家普遍实践的道路。事实上，工业化、去工业化和金融化三者在时空上并非相互割裂的阶段。在美国开始工业化之时，金融业便积极地参与到重工业基础原材料的工业发展中①，金融业借此迅速发

---

① 例如，当时美国铁路建设的兴盛产生了大量的投融资需求，内战时期铁路股票和债券已经包揽了美国证券的三分之一。

展。反过来，金融化的进程极大促进了工业体系的成长，由于发达的金融体系为工业部门提供了充足的资金来源，美国的工业化进程也受到金融化的促进。但在全球化的趋势下，面对新兴国家强有力的工业竞争，美国工业制造业原有的优势地位被打破，大量企业迁往具有廉价劳动力和丰富资源的发展中国家，去工业化的进程由此开始。由于去工业化时期制造业严重萎缩，其利润率已经不能满足资本的赢利需求，大量资金转向具有更高回报率的金融行业。去工业化的阶段同时也是金融化走向顶峰的阶段，资本天然的逐利性在这种转换中扮演了重要的角色。大量资金从工业转入金融业，实体经济走弱，虚拟经济过度繁荣，2008 年金融危机的巨大泡沫逐渐形成。

1. 工业化

作为现代化的核心任务，工业化在推进近代大国兴盛的过程中起到了至关重要的作用。美国在经历了百年工业化进程之后，已经基本完成了从传统农业经济体向现代工业经济体的转变。根据美国工业体系内部结构演变的主要特征，美国的工业化大致可以分为轻工业化阶段、重工业化阶段和工业化后期。

　　美国轻工业化阶段属于工业发展的早期阶段，起于18 世纪 90 年代水力纺纱厂的建立，止于 19 世纪 60 年代重工业化的到来。在这一时期，以生活资料为代表的轻工业部门的发展速度明显快于以生产资料为代表的重工业部门，美国借助于第一次科技革命的技术成果建立起了以轻纺工业为代表的工业体系。

　　19 世纪 60 年代起，在轻工业迅速发展的刺激下，中间投入品和机器设备的需求大幅上涨，以建材、煤炭、钢铁等部门为主的重工业迎来了发展的契机。在第二次科技革命技术成果的基础上，美国工业在铁路、钢铁、能源等基础原材料工业上一路高歌猛进：铁路的迅速发展推动了钢铁产量的提升，使美国的钢铁产量跃居世界前列；木材和畜力开始被煤炭、石油等化石燃料替代，经济活动有了新的能源支撑。在原材料工业发展之后，深度加工工业紧跟而上，形成了一波以机械工业为代表的加工组装部门发展高潮。相较于基础原材料加工，深度加工工业所能联系的行业更为广泛，促成的新兴产业更为多元，产品的附加值更为巨大。该时期的发展让美国在工业领域由模仿追赶的角色转型成为创新领跑的角色，美国就此成为标准的工业大国。

20 世纪 20 年代之后，由于专业的生产技术在工业生产过程中的地位越来越重要，技术进步逐渐成为推动工业增长的动力。美国企业开始将研发作为一项正常的业务活动，获得的专利数目也在不断增加。这标志着美国从重工业化阶段进入了工业化后期，其技术创新的水平达到了新的高度。制碱、人造纤维、合成染料等新型技术的发展不仅满足了重工业体系的原料需求，还催生出许多新型产业部门。在随后的 30 多年里，这些新型行业以高技术密度为特征，在推动美国工业化进程中发挥的作用不可忽视。到 20 世纪 50 年代，工业化后期的调整基本到位，美国长达 160 年的工业化进程至此告一段落。①

2. 去工业化

就在美国经历了漫长的工业化道路之后，一股去工业化的趋势却在美国各地区蔓延。与工业化截然相反，去工业化指的是制造业就业比重持续下降的情况。美国去工业化主要表现为失业工业工人人数上升、制造业产值比重下降和美国工业企业大规模迁出等现象。

---

① 古依莎娜等：《"制造强国"的战略路径研究及初步分析》，《中国工程科学》2015 年第 7 期。

首先，工业企业不断上升的失业率是美国去工业化过程最显著的指标。20世纪70年代，美国有320万人因企业倒闭而失业，钢铁、汽车等工业行业的就业人数出现明显下滑。数据显示，单是新英格兰地区从20世纪50年代开始就面临着逐渐上升的失业人口，到1975年之时，83.3万传统工业工人中高达64.7万人离开原先的工业岗位。工业企业大量的失业人口表明了美国越发明显的去工业化趋势。

其次，虽然在总量上美国制造业的产值得益于第二次世界大战后的科技进步而逐渐上升，但其产值占国民生产总值的比重却是逐年走低。制造业产值的迅速增长是源于科技创新带动劳动生产率的提高，制造业产值占国民生产总值比重下降，则反映出美国产业结构的重心正从制造业偏离，制造业在美国经济中地位开始下降，去工业化成为新的经济发展方向。

最后，美国工业企业受到第二次世界大战后全球化的影响，纷纷由本土迁往国外，这种工业企业大规模迁出的现象显然是去工业化进程的直接写照。工业企业的迁移改变了美国各地区的经济结构，也深刻影响着美国的产业结构。美国企业遵循全球化的趋势，在具有廉价劳动力和丰富资源的发展中国家兴办工厂，其本土地区曾经一片兴盛的制造业生产场景随之黯淡，去工业化的特征逐渐鲜明。

3. 金融化

在制造业失去优势的同时，美国的金融业却在宽松的政策下风生水起。20 世纪 80 年代，时任美国总统的里根主张放开管制，让市场自由运行。1980 年银行利率市场化取消了对美国银行信贷利率的上限管制，1999 年严禁商业银行从事投资银行业务的《格拉斯·斯蒂格尔法案》遭到废止，银行、保险和证券之间的业务界限被打破。同时，美国政府还不断地对金融业进行支持和扶助，促进金融化进程的进行。[①] 20 世纪 80 年代末，数百家即将倒闭的银行收到了来自美联储的贷款援助，到 1992 年共计 2500 亿美元投入储蓄贷款机构的金融破产清算，体现出美国政府对于发展金融的大力支持。

在这种自由主义的政策背景下，曾经束缚金融业的诸多管制措施被取消，美国迎来了金融化的浪潮。银行业、证券业、保险业和养老基金等现代金融行业走向兴

---

① 翟畅、赵娟霞：《利率市场化：金融改革的突破》，《经济研究导刊》2013 年第 32 期。

盛，极大扩展了资本市场交易的平台，增加了信贷资金的规模。数据显示，1980年金融部门提供的货币信用为5783亿美元，占当年美国GDP比重的21%；到2002年初，金融部门提供的信用已经飙升至9.6万亿美元，占GDP比重的93%，金融资本的规模实现了快速的发展。此外，以金融衍生品为代表的多种金融创新产品被开发出来推向市场，比如债务抵押证券（CDO）、信贷违约互换（CDS）。这些金融创新产品进一步扩大了货币范畴的内涵，让货币信用活动得以扩张。

然而，金融化进程下信贷与投资的扩张也让偿债主体债台高筑，极易导致信贷危机的爆发。美国联邦储备委员会的材料表明，在2008年美国金融危机之前十年左右的时间段内，美国的债务增长情况不容乐观：家庭达到了15万亿美元，企业为24万亿美元，州及地方政府约为4万亿美元，联邦政府国债规模为12万亿美元。总计55万亿美元的债务规模标志着美国的高债务经济，其经济金融化的过度发展已经远远超过了实体经济的需要和承载能力，金融体系稳定性不足，已走向泡沫化。

（五）美国金融模式的衰落：兼谈"再工业化"的失灵

所谓"再工业化"战略，是指改变以传统制造业为经济增长点的发展方式，实现"去金融化"，采用新的技术，建立新的产业部门来实现经济增长。这里的新的产业部门，既包括拥有新能源、新信息技术的新兴实体产业，又包括以高速铁路网络和技术为基础的基建产业。在 1977 年阿米泰·埃兹厄尼提出这个概念后，19 世纪 70 年代，英美等发达资本主义国家相继倡导用"再工业化"战略来支持基础设施建设和资本品生产部门，提升制造业在全球竞争中的地位，还原经济运行时的基础和经济增长需要的动力。到 2008 年金融危机爆发时，"再工业化"战略再次由美国提起，以期未来经济增长的模式再度转向实体经济，而非持续现在以金融等服务业为主的方式。①

那么，为了制造经济增长点的"再工业化"战略能否阻止去工业化进程的趋势呢？前面的分析已经给出了答案："再工业化"战略没有逆转去工业化的进程，甚

---

① 杨晓辉、陈诗瑶：《发达国家"再工业化"战略的提出背景及成效简析——以美国为例》，《现代商业》2015 年第 29 期。

至都没有去阻止去工业化的进程。这背后的逻辑要从资本的盈利说起。1970 年资本主义社会出现停滞性通货膨胀之后，新自由主义体制虽然在一定程度上恢复了资本的赢利能力，但资本已经实现了金融化的积累，不论是其利润的来源还是利润形式都已经不同于从前。资本的逐利性决定了资本的流动方向。当产业资本的形式不能满足资本的利润需求时，资本自然会尽量避免通过产业资本的形式流向实体经济。从这个层面而言，再工业化能否逆转去工业化的问题，本质上是资本能否在工业制造业领域取得足够利润的问题。

对于发达国家实体经济利润率的问题，宇野学派认为，长期来看实体经济利率和积累将会下降，这种下降可以通过产业资本积累与产业资本运动的结合加以说明。在资本主义的生产方式下，企业获得利润之前必须要扩大自身的生产规模，负债积累的产生也就在所难免。按照负债积累的发展阶段，宇野学派提出了良性和恶性的分类方法。当企业处于良性负债积累阶段时，充足的产业后备军和借贷资本保证了企业面对较低的工资和利息率，从而可以使产业资本实现较高的利润率和积累。然而，这种良性积累并不会一直进行，当积累持续一段时间后，恶性积累阶段随之到来。逐渐缩小的产业后备军和借贷资本规模推升了工资和利息率，从而拉低了产业资本的利润率和积累规模。当利润率下降后，企业不得不通过变卖资产或者以债养债的方式维持运营。债务危机越严重，资本的利润率和积累越低，这又反过来促使企业更加依赖于借贷资本，形成不可避免的恶性循环。

发达国家自身走向恶性积累的同时，发展中国家廉价的劳动力也驱使着资本从发达国家撤出。在资本主义进行去工业化之时，发展中国家正热衷于工业建设，全球制造业一度出现生产能力过剩的局面。资本的逐利性决定了它会流向具有低廉劳动力成本的发展中国家，大量的资金从发达国家以对外直接投资的形式流出，资本主义国家要想进行"再工业化"难度不小。

由于上述原因，针对金融危机的"奥巴马新政"对于美国结构性矛盾的缓解并不尽如人意。2008年危机爆发之时，奥巴马试图通过"去金融化、去自由化、去债务化"来调整劳资关系，转变未来美国经济增长的模式。但是由于美国资本在金融化之后，工业制造的利润率已经不能满足其坐享其成的需求，金融资本即便流向实体经济也只会选择低成本的发展中国家而不是发达国家。

因此，"奥巴马新政"不过是对当前美国困境起到一定程度的修补作用，并不能改变美国被金融资本抛弃的结局。美国经济终将因为资本动力的缺乏逐步走向衰落。

总之，美国投资银行体系具有极强的创新能力，但该体系"稳定性"不足，存在脱离实体经济和金融泡沫化的风险，直至 2007 年全球金融危机爆发，该体系也宣告破产。19 世纪至 20 世纪中叶，美国投资银行体系曾与实体经济结合紧密，为何后又脱离实体经济？这是由资本的"逐利性"决定的。为追求高额利润，资本必须走在实体经济前面，它"先入为主"却又"抢先退出"。美国经历工业化、产业化后的利润率下降，无法满足资本的逐利欲望，资本就放弃介入实际生产，专门从事于借贷、投资等非实物资金运作，于是产业资本就变异为金融资本。被金融资本绑架的美国义无反顾地走上"工业化—去工业化—金融化"道路，最终金融脱离实体经济并泡沫化，导致全球金融危机。

美国当前实行"再工业化"战略，只是对困境的修补，不能改变衰落的大势。因为金融化后的美国资本已经习惯坐享其成，难以再适应并满足于工业制造的利润率；即使金融资本迫于无奈而寻嫁实体经济，也会通过全球配置选择低成本、高利润的发展中国家。因此，美国逐渐被金融资本抛弃，缺少了资本动力，美国经济将走向衰落。

三 互联网金融兴起：中国的启示与实践

从英美崛起历史中，我们发现工业革命与金融发展相辅相成、相互促进，金融体系已成为大国崛起的基本性战略力量。这也是"大金融理论"强调金融服务实体经济的动态拟合的核心要义。[①]

但是，走向集中垄断的英国银行体系因缺乏"效率性"，不能给实体经济资本支撑；走向泡沫化的美国投资银行体系因缺乏"稳定性"，导致金融危机。那么在第三次工业革命萌芽机遇期，中国应该如何实施互联网金融战略，以实现金融稳定与效率的动态平衡，使其更契合实体经济的内在需求，从而推动中国的大国崛起？

（一）"互联网 +"：第三次工业革命的灵魂

第三次工业革命是人类文明史上继蒸汽革命和电力革命之后又一次重大飞跃，它以原子能、电子计算机、空间技术和生物工程的发明与应用为主要标志，是涉及

---

① 陈雨露、马勇：《大金融论纲》，中国人民大学出版社 2013 年版，第 3 页。

信息技术、新能源技术、新材料技术、生物技术、空间技术和海洋技术等诸多领域的一场信息控制技术革命。第三次工业革命的灵魂和支柱是信息革命。

"第三次工业革命"概念的创立者、著名经济学家杰里米·里夫金指出，真正的工业革命一定包含信息传播方式的革命。[①] 我们回顾历史，第一次工业革命时期，通信技术发生了革命性变化，即从手工印刷到蒸汽机动力印刷，后者可以实现低成本、大量印制并传播信息；第二次工业革命时期，集中的电力、电话以及后来的无线电和电视机可以加强通信和联络，进而为城市文化的兴起提供了可能性。

照此推理，没有信息革命，就不会有第三次工业革命。前两次工业革命产生的机械动力，使人类第一次冲破了对体力的限制。而第三次工业革命推动的信息革命，把人的脑力发挥到极致，冲破脑力的极限。物理世界和信息世界相互融合，原子是物理世界的基础单位，代表了能量；比特是信息世界的基本单位，描述了熵和信息。信息革命促进原子和比特融通产生新的爆发力，推动资

---

① 杰里米·里夫金：《互联网＋新能源　全球迎来第三次工业革命》，http：//www. zdpri. cn/news. asp？id＝4440，2015 年 4 月 9 日最后访问。

源跨越时空实现新的配置，使生产力有了新的飞跃。

在深入分析和准确把握第三次工业革命和信息革命的基础上，李克强总理在 2015 年"两会"《政府工作报告》中首次提出"互联网＋"行动计划，这是在"互联网改造传统产业"基础上进一步的深入和发展。"互联网＋"不仅仅是互联网应用于某个传统行业，更加入了无所不在的计算、数据、知识，造就了无所不在的创新。互联网金融实际上体现了新常态下金融体系发展的新形态、新业态和新演进。

（二）互联网金融的内涵：替代还是融合

"大金融"理论突出强调了必须将金融和实体经济视为统一的整体，必须将中国和全球的金融发展视为统一的整体，必须将整个金融体系视为统一的整体。① 在此框架下的互联网金融融合了传统文化中"守正出新"的理念，既包括"互联网改造传统金融"，即金融互联网，也包括新兴的互联网金融新业态和新演进，也就是将互联网金融和金融互联网有机结合，构建同源共生、相互

---

① 陈雨露、马勇：《大金融论纲》，中国人民大学出版社 2013 年版，第 2—5 页。

补充、合作共赢的新型金融体系。要把握中国互联网金融的新型金融体系，应正确理解互联网金融和传统金融的关系。

1. 互联网金融的生存与发展离不开传统金融

互联网金融立足于传统金融已有基础，不能替代传统金融。在互联网技术下，金融服务效率大大提升。具体表现在三个方面：一是交易渠道增加。互联网时代，客户可以突破传统柜台、ATM、POS 等的限制，通过电脑、手机等电子设备金融网络，获取服务，从而极大地丰富了金融服务的渠道。二是交易方式变化。随着技术的进步，交易介质更加数字化、虚拟化，交易载体也更加大众化，使人们可以超越时空限制，随时随地获取金融服务。三是服务主体多元。在传统金融机构的基础上，又派生出了互联网企业、电商机构和电信运营商等服务主体。

然而，互联网金融并没有改变金融的本质，它只是在传统金融的基础上建立和发展起来的，仍然包含了金融原有的功能和方式。[①] 其体现为：一是货币的属性没有

---

① 杨飞、王雅娟：《商业银行在互联网浪潮下的竞争策略》，《中国银行业》2015 年第 4 期。

发生改变；二是金融市场仍包含货币市场、资本市场和保险市场；三是金融的功能仍以存款、贷款、汇款等为主；四是金融服务的方式仍以商业银行、投资银行和资产管理为主。

因此，互联网金融的发展不可能"另起炉灶"，依然需要立足于传统金融，主要有如下三个原因。

一是互联网金融产品的支付、缴费和代理等业务的起点和终端离不开银行账户，其创新也是建立在传统金融提供的基础设施和服务上的，因而想要获得长足的发展，就必须要依托于传统金融。如，2015 年天猫"双11"促销时一天 912.17 亿元的成交额即是依托于传统金融中各大商业银行支付系统的每秒 6500 笔以上业务的处理速度。[①]

二是目前互联网金融的服务功能仍为存款、贷款、汇款等，依赖的金融市场也是传统的货币市场、资本市场和保险市场，也就是说，其业务不是本质上的创新，只是在传统金融机构搭建的银行支付结算体系、财富管理体系和理财、信托、基金等产品的基础

---

① 资料来源：http://mt.sohu.com/20151112/n426111229.shtml，2016 年5 月 24 日最后访问。

上进行的对交易渠道、交易方式以及跨界金融服务获取方式的创新。

三是传统金融生态的安全稳定是互联网金融稳定发展的保障和支撑。由于互联网兼具"互联网"和"金融"的双重特性，其需要面临的风险会比传统金融更为复杂，既有传统金融的共性风险，也有自身独特的个性化风险。因此，只有在保障传统金融安全稳定的基础上，才有可能集中精力解决互联网金融的安全问题。

2. 互联网金融与传统金融的合作将大于竞争

互联网金融和商业银行均存在比较优势。互联网金融的优势在于平台、数据和零售客户资源，能够批量化、标准化地服务于金融长尾市场；商业银行的优势则在于资本、批发客户资源、信用和风险控制能力。[①] 小微企业和个人信贷往往地域分散，贷款需求"短、小、频、急"，缺乏抵押担保，在与商业银行合作过程中大多渠道不畅或信息不对称，进而导致信贷投放成本高、效率低等问题，最终大多转向互联网金融。因而互联网金融的客户群多为零售客户，对商业银行的影响也主要在零售

---

① 莫易娴：《互联网时代金融业的发展格局》，《财经科学》2014 年第 4 期。

业务方面，而在高端客户的面对面个性化服务方面，商业银行仍占据优势地位。

中国人口众多、地域辽阔，为传统金融和互联网金融的发展提供了广阔的空间。虽然传统金融与互联网金融的服务主体不同，但本质并无差异，其发展均需要客户在银行开户，并借助信用卡完成线下支付，因此，总体上看，二者的合作大于竞争，可以在信用、信息和数据、风险管理、融资等多个领域展开合作。

没有信用就没有金融，而信用的建立又依赖于信息和数据的搜集，互联网金融即可以借助平台优势搜集信息数据、建立征信体系、联网共享信息，进一步与银行信息系统互相联通，最终形成完备的中国信用体系，保证金融安全。

准确预测和及时控制技术风险、市场风险、业务操作风险、流动性风险等是金融业稳定发展的关键，也是确保互联网金融可持续发展的关键。而互联网金融目前尚处于发展初期，对这些风险的预测和控制能力尚有待验证，因此需要学习传统金融业的风险管理经验和方法，以确保自身的健康、可持续发展。

（三）诱致性制度变迁：互联网金融源头与演进

1. 中国的互联网金融源于倒逼式金融创新

金融创新是指利用新的观念、新的技术、新的管理方法或新的组织形式，通过使用新的金融工具、新的金融机构、新的金融市场以及适用相关新的金融制度，创造和组合一个新的具有更高效率和更高流动性、安全性、营利性的资金营运方式或营运体系的过程。[①]

大多数相关文献研究的均是由金融体系本身主导发起的金融创新，金融创新的实施者可以来自金融市场、金融中介内部，同时也可以由来自金融体系外部其他行业发展金融功能而引发金融创新。这种由非金融行业主导发起的金融创新，源于金融体系由于竞争不充分、体制机制约束等导致技术或制度安排存在漏洞并且自身创

---

① 王仁祥、喻平：《金融风险管理》，武汉理工大学出版社 2004 年版。关于金融创新的动因，Silber（1983）提出约束诱导（constrain - induced）假说，认为金融创新是微观金融组织为了寻求最大的利润，减轻外部对其产生的金融压制而采取的"自卫"行为，是金融机构对强加于它的约束所做出的反应。Kane（1984）提出规避型金融创新理论，把金融创新看作规避与创新的辩证和动态过程。Hicks 和 Niehans（1981）把降低交易成本看作创新的首要动机，认为创新的实质是对技术进步导致交易成本降低的反映。制度也被戴维斯（L. E. Davies）、塞拉（R. Sylla）和诺斯（D. North）等用来解释创新，他们把金融创新看成一种与经济制度互相影响、互为因果关系的制度改革。

新动力不足而形成的"倒逼式"金融创新，目的在于打破原有的均衡状态，"建立新的生产函数"，是"对生产要素的新的组合"①。

互联网金融是金融创新的一种，是一种倒逼式金融创新。传统的银行主导的间接融资体系与垄断竞争的经营环境不能满足中国经济的内在需求。表现为：首先，相关数据显示中国目前社会融资绝大部分是通过银行体系的间接融资获得的，民间资本市场整体规模偏小，直接融资比例较低。这一点从社会融资总量结构也能得到证明。

其次，从银行体系内部结构来看，近年来中小型银行机构数量有一定程度上的增加，截至 2014 年年末，共有城市商业银行 144 家、农村商业银行 337 家、农村合作银行 147 家、农村信用社 1927 家、村镇银行 800 家。这将银行总体业务分散，提升了银行竞争程度。但是这种改善毕竟是在银行内部，实质上都是在一个体系内，没有引进新的主体，对金融竞争的促进作用是有限的。

---

① 熊彼特：《经济发展理论——对于利润、资本、信贷、利息和经济周期的考察》，何畏、易家详等译，张培刚、易梦虹、杨敬年校，商务印书馆 1991 年版。

　　2014 年年底，大型商业银行、股份制商业银行、农村中小金融机构和邮政储蓄银行占银行业金融机构资产的份额分别为 44.9%、17.6% 和 15.6%，也就是说 17 家银行所占份额超过整个市场的 60%。如果我们说近年来银行业竞争程度有所提高，但也主要表现为在 17 家银行，即 12 家股份制银行和 5 家大型商业银行之间的竞争趋于激烈。从实证的角度看，学界主要从结构法[①]以及目前更流行的侧重分析银行竞争行为的非结构法[②]入手，后者以 PR 模型居多，该模型建立在银行简化的收入方程基础之上，通过设计总收入对要素价格变化弹性之和的指标——H 统计量，来测量银行的行为和市场竞争程度。于良春、秦宛顺等的研究结果均显示，中国银行业处于垄断竞争状态且竞争程度依然偏低。[③]

---

　　① 例如，学界常用的结构法包括 n 家银行集中度、赫芬达尔—赫希曼指数等。

　　② 常用的非结构法有勒纳指数、Panzar 和 Rosse 模型等。

　　③ 于良春、鞠源：《垄断与竞争：中国银行业的改革与发展》，《经济研究》1999 年第 8 期；秦宛顺、欧阳俊：《中国商业银行业市场结构、效率和绩效》，《经济科学》2001 年第 4 期；刘伟、黄桂田：《银行业的集中，竞争与绩效》，《经济研究》2003 年第 11 期；赵子衣、彭琦、邹康：《我国银行业市场竞争结构分析——基于 Panzar – Rosse 范式的考察》，《统计研究》2005 年第 6 期；褚蓬瑜：《互联网金融与商业银行演进研究》，《宏观经济研究》2014 年第 5 期。

　　另外，垄断竞争的行业环境下，银行业的危机意识、创新精神始终不强。尽管商业银行纷纷开展公司治理改革，引进新的管理模式，呼吁"以客户为中心"。但办事人员效率始终不高，拖拉懒散。管理链条长，整体合力不足，信息传递慢，客户信息分散，直接服务客户的人员的响应能力非常有限。这一现象主要原因有二：其一，商业银行作为经营风险的金融机构，出于对风险的顾虑，处理业务谨慎，对客户的需求反应"迟缓"；其二，从本质上看，由于银行垄断强势地位存在，导致了其危机意识的弱化，不能实施以客户为核心的服务，对客户需求的把握、创新产品的研发较弱。

　　基于上述传统银行主导的金融体系不完善，兴起了各类互联网金融业，如第三方支付、网络信贷、众筹以及其他互联网金融服务平台。它们的特点是依托大数据平台收集大量信息，通过互联网便捷的操作流程降低交易成本、提高资源配置效率，形成对传统金融模式的冲击，是一种"倒逼式"的、螺旋上升式的机制，是对现有金融体系的激励性补充。

2. 互联网金融的演进与冲击的渐进性

　　从互联网金融发展历程看，这是由中国民众和市场自发主导的，自下而上、从局部到整体的变革过程，具有典型的"渐进性"特征。从美国经验看，1933 年美国投资银行和商业银行分业，投资银行体系发展近 60 年，直至 1992 年才超过商业银行成为金融体系的主导力量。因此，中短期内互联网金融不可能取代银行体系成为主导①，宏观金融风险将处于可控状态。

　　制度变迁，是指制度的创立、变更、消亡等过程。制度变迁分为强制性制度变迁和诱致性制度变迁②：强制性制度变迁是中央或地方政府主动适应社会发展，采取更利于社会发展的制度，并通过法律、政策强制实施的制度变迁；诱致性制度变迁是个体在现有制度下，在制度未明确管制区域，探索新的能获得潜在效益的操作方法，以此推动制度变迁。互联网金融及其创新属于典型的诱致性制度变迁。

---

　　① 原因有二：一是基于中国特殊的制度和文化背景，"银行主导型"的金融体系特征在今后相当长一段时间内不会发生根本性改变。二是中国需要银行体系提供金融体系的稳定性，综观世界经济发展史的数次金融危机，一般都是始于股市危机或者货币危机，然后波及银行体系，银行体系相对处于金融体系安全性的"第二个层次"，是金融体系的"最后一道防线"。

　　② 诱致性制度变迁最早是由美国经济学家弗农·拉坦和日本经济学家速水佑次郎提出的，他们说，"对制度变迁需求的转变是由要素与产品的相对价格的变化以及与经济增长相关联的技术变迁所引致的；对制度变迁供给的转变是由社会科学知识及法律、商业、社会服务和计划领域的进步所引致的"。

　　美国经济学家弗农·拉坦认为，大众需要制度变迁，是为了增加经济效益，改变制度如果能带来更有效的社会发展，那么就会自主地要求变迁，产生制度变迁的需求。有关社会科学的知识的变化也会引起制度的变迁，并且可以在现行的社会生产力下，提供可供选择的不同制度。如果把制度看成一种商品，使用它能够带来最大效益，那么这种商品的供给就会满足社会需求。如果现存的制度供给不适应制度需求，比如无法适应现行社会生产力和人民的素质，就会出现制度非均衡，社会就会自主地产生反应，要求变迁。这种反应不是统治阶层的制度制定者主动地根据观察社会的结果而产生的，而是源于社会本身的规律，源于现行的制度不利于各种活动产生最大效益。而这种制度变迁自然是诱致性制度变迁。上述论述内隐了经济人衡量成本—收益来追求最大效益的假设，学者林毅夫对此鲜明地提出，只要制度变迁的潜在收益大于成本，社会就会有制度变迁的需求。①

　　中国学者李波同样做出了类似生产力决定制度变迁的论断，并且认为，诱致性制度变迁由于不是制度制定者通

① 林毅夫：《中国的奇迹：发展战略与经济改革》，上海人民出版社1999年版。

过法律、行政手段强制实施的一次性的、全面的制度变迁，而是当前社会制度与生产力不相适应而引致的变迁，因此最先改变的必然是矛盾最突出的方面，再由点及面地扩展到其他不适宜方面，因此是动态的、渐进的。[①]

前文首先论述了现行银行主导的间接融资金融体系和垄断竞争环境，由此产生了新的更适应社会生产力的互联网金融；又进一步深层次探究这一现象的本质属性，提出制度变迁的理论，并且很清楚地说明了互联网金融的兴起就是诱致性制度变迁的一种，是生产力的发展、追求更大经济效益的动因驱使着制度"不得不变"。这种变迁有以下两个特点。

一是自发性。诱致性制度变迁是有关群体对制度不合适的一种自发性反应，自发性反应的诱因就是外在利润的存在。中国互联网金融就是自发形成的。互联网企业发展之初从事电子商务，当一些群体发现电子商务中与资本结算、流通等有关的金融业务如果也利用互联网工具发展，带来的风险小于电子商务的收益，第三方支付、网络信贷等金融创新随之出现。因此它是完全自主的。

---

① 李波：《诱致性制度变迁理论探析》，《兰州商学院学报》2005 年第 3 期。

二是渐进性。诱致性制度变迁是一种自下而上、从局部到整体的制度变迁过程。[①] 之所以如此，主要是因为制度的改变、终止、扩散等需要时间，从外在利润的发现到外在利润的内生化，期间需要许多复杂环节。[②] 目前，中国以银行主导的间接融资体系为主，金融市场在金融体系中的份额还比较小。互联网金融的发展，对银行体系、证券业、保险业的冲击，是一个漫长的、渐进的过程。新的金融模式的确定，需要各方面的制度逐渐改变，与之协调一致。互联网金融是顺应市场的潮流自发形成和发展的，逐渐将互联网金融纳入中国金融体系内是金融改革的要求。

正如美国历史经验，1933 年美国投资银行和商业银行分业，投资银行体系发展近 60 年，直至 1992 年才超过商业银行成为主导，这符合之前判断诱致性制度变迁的渐进性特点，短期内互联网金融不可能取代银行体系成为主导；基于这点判断，当前发展互联网金融的机遇

---

① 林毅夫：《中国的奇迹：发展战略与经济改革》，上海人民出版社1999 年版。

② 正如刘易斯所说："一旦制度开始变迁，它们会以一种自动强制实施的方式发生变迁。老的信念和制度在变化，新的信念和制度彼此之间，以及新的信念和制度与相同方向上的未来变迁之间都逐渐变得调和一致。"

大于风险，因此国家应抓住历史机遇，大力引导、规范，促使其快速发展。

因此，通过认清互联网金融发展的现状和前景，我们可以发现，传统的银行主导的金融体系仍然占据大头，引导、支持、鼓励新兴金融市场发展是符合历史潮流的正确做法。此外，互联网金融的发展必然对现行金融体制形成冲击，若没有相应的宏观调控，没有正确的制度引导适应这一冲击，容易形成混乱的局面，不利于社会经济的健康发展。因此正确的改革、积极的规范，促进各方面健康发展，是我们前进的方向。

（四）激励性补充：互联网金融与传统金融的各自优势

传统金融与互联网金融本质上都是金融，其宗旨都是为客户提供投融资及其他的金融服务，核心问题是信用和风险控制，而这种控制的难点即在于信息不对称问题。[①] 无论是传统金融还是互联网金融，降低信息不对称程度都有赖于获取更多的诸如客户的收入情况、支出情

---

① 莫易娴：《互联网时代金融业的发展格局》，《财经科学》2014 年第 4 期。

况、还款的及时性等有意义的信息。在信息技术飞速发展的今天，这些信息的获取需要传统金融与互联网金融的优势互补，具体主要体现在以下方面。

1. 服务对象互补

传统金融业更多面向大客户，而互联网金融服务主要面向低端市场，满足小微企业的融资需求。[①] 高端市场更为看重资金安全性，因此更愿意选择风险较低的传统银行业；而低端市场的特点则是对价格非常敏感，例如一旦客户发现微信理财通的收益高于余额宝时，就会毫不犹豫地将资金投向理财通，这也决定了互联网金融很难承担起如港珠澳大桥的银团贷款、一些对冲产品等投资额巨大的金融交易。

2. 规模互补

互联网金融的迅速发展，正是满足了小微企业的融资需求，因此其以服务小微企业为天职，其信贷规模和负债规模都与传统商业银行相差甚远。例如，截至 2015 年 3 月底，国内互联网金融公司中最具影响力的蚂蚁金

---

① 例如，大企业与少数的优质个人客户，贷款大多是 1000 万元以上的，传统银行投资理财最低起点也要 5 万元，而余额宝和理财通的投资起点是 1 元。

服集团的蚂蚁小贷已经累计为超过 140 万家小微企业解决融资需求，累计投放贷款超过 4000 亿元。[①] 蚂蚁金服集团秉承"以小为美"的基本理念，将服务对象锁定为小微企业，以 100 万元以下的贷款为业务主体，实现向小微企业群体批量发放"金额小、期限短、随借随还"的纯信用小额贷款。

3. 行业优势互补

互联网金融的主要优势在于能够利用大数据挖掘技术、云计算优势和强大的数据收集与分析能力，整合碎片化信息，解决信息不对称的难题，有效拉近商家和供应商之间的距离，从中挖掘商机。而传统金融的优势则在于严格的风险控制系统，表现为严格而明确的风险识别、衡量与控制规定，优秀的风险监控人才，人民银行的强大后盾和严格的法律法规保护。

4. 地位不同

传统银行是当前中国金融体系的支柱，在市场中处于相对强势地位，所有业务的起点都还是银行的账户。而互联网金融属于"草根"金融，目前尚处于规范成长

---

① 资料来源：蚂蚁金服集团官网，http://www.antgroup.com/page/xiaodai.htm，2016 年 3 月 19 日最后访问。

时期，大多因对金融的本质认识不够、思想准备不足、人才储备不足，没有能力规避金融的风险，仍需进一步探索更有效的发展方式。

5. 竞争模式互补

中国传统金融业虽已发展多年，但各金融机构一直对产品设计不够重视，导致金融产品的同质化严重，特别是银行体系大多靠关系销售产品，将大量精力投放在业务运营和客户关系上。而互联网金融重视客户和用户的使用体验，强化金融产品的设计和创新，尽力提供个性化服务，有效满足了长尾人群需要。

6. 销售渠道互补

传统金融拥有数量众多的线下网点，并以此为主要的客户渠道和来源，而互联网金融则主要通过线上渠道销售产品，一方面降低了运营成本，另一方面利用大数据技术可以较为精准地进行评级、定价。因此，互联网金融的发展有赖于网络技术的发展和数据的获取与分析能力，这也对未来互联网金融的发展提出了数据共享、数据整合的要求。

7. 风险控制的侧重点不同

传统商业银行的信用风险评级主要依赖贷款申请人

和调查人员提供的利润、现金流等财务数据，强化了贷前风险审查，贷中、贷后风险控制较弱。而互联网金融通过大数据技术，整合客户全方面信息，实现实时数据分析和评估，风险控制点更多，风险控制模型更加灵活，风险控制链条更加完整。

8. 担保体系不同

传统银行业有国家信誉作为担保，而互联网金融的担保体系还不成熟。中国信用体系缺失，投资人无法通过网络有效获取借款人的信用资料，需要担保来提高自身资金的安全性。目前，主要的担保方式有购买商业保险公司的担保、同小贷公司或担保机构合作以及从借贷资金中抽取一定比例成立保障基金等。

9. 思想与文化不同

互联网金融根植于互联网，创新是根本，共享、平等和自由是核心。互联网金融业务以诚信、方便、高效的理念为广大公众提供金融服务，体现了新生事物的旺盛生命力。而传统金融业具有历史悠久、监管手段严格和行业高度垄断等特点，丰厚的行业垄断利润使其缺乏创新的动力。因此，互联网金融行业的发展更注重开放的思维、平等自由的价值观，传统金融业的发展则更依赖雄厚的市场资源和深厚的人脉关系。

（五）机遇与对策：互联网金融与传统金融的竞合

从 20 世纪 90 年代以来，商业银行在计算机、互联网技术大发展背景下，推动了银行信息化和金融服务网络化进程，为新时期互联网金融的发展奠定了坚实的基础。互联网时代下，以商业银行为代表的传统金融将进一步转变为以规模扩张为主的传统发展模式，推动金融服务更加电子化、网络化、移动化和人性化。

1. 互联网金融推动商业银行转变发展模式

商业银行可以利用互联网金融技术与理念，深度整合管理和业务模式，拓展服务渠道和客户基础，提升客户服务质量，获得新的发展机遇。

（1）促使商业银行调整发展战略

一是促进战略定位的调整。针对互联网金融发展背景下客户金融服务需求的变化，商业银行需要及时调整发展定位，由以前的"以我为主"真正向"以客户为中心"转变。一方面，商业银行需要从战略高度对互联网金融发展的机遇与挑战进行正确认识，明确相关部门的职责分工，转变观念，加快创新，形成进入互联网金融市场和应对激烈竞争的战略举措，增强竞争主动权；另一方面，商业银行需要在发挥自身信用等级、支付结算、资金存管等方面的特有优势的基础上，积极借鉴互联网金融企业的成功经验和创新理念，充分利用自有电商平台扩大客户基础，增强影响力，不断提升客户服务水平。①

二是促进管理模式的优化。在互联网金融时代，信息技术将成为决定银行管理水平、客户服务能力和市场竞争力的核心因素，渗透到银行的各项经营管理活动中，其在银行客户挖掘、产品开发、业务拓展、决策支持和运营管理等方面的应用也将从根本上改变银行的经营管理模式，实现科技进步和创新从支撑业务发展向引领业务发展的方向转变。因此，大力推进大数据技术发展、加快构建信息化银行、形成互联网金融时代新的竞争优势，将成为商业银行未来发展中最关键、最迫切的战略抉择。

三是促进客户基础的拓展。截至 2015 年年末，全球互联网用户达 32 亿人②；中国互联网用户达 6.88 亿人，

---

① 杨飞、王雅娟：《商业银行在互联网浪潮下的竞争策略》，《中国银行业》2015 年第 4 期。

② 资料来源：http://it.qjy168.com/kexueshijie/1097483.html，2016年 4 月 20 日最后访问。

网购人数达 4.13 亿人。① 因此，依托互联网金融的强大客户基础进一步发展，成为商业银行的又一重要选择。首先可以与电子商务对接发展网购客户，即通过建立电子商城或与电商合作开发相应的消费贷款产品，扩大客户规模；其次，可以依靠互联网金融的技术条件调整客户结构，这一合作方式是基于金融脱媒的背景下间接融资逐步萎缩，商业银行的传统授信主体——大企业更多地转向直接融资，而互联网金融企业往往掌握着小企业和个人客户等授信主体的经营行为和信用状况，因此充分利用这些大数据资源和电子交易信息，将大大提高商业银行的资源配置效率，降低交易成本，下沉客户重心。

（2）推动商业银行变革经营模式

一是推动渠道布局的优化。互联网金融的发展，对商业银行推进信息化、网络化，促进营业网点转型具有重要的借鉴意义。手机银行、网上支付等互联网金融工具，不仅能够帮助商业银行分流网点的柜面压力，还能够有效补充偏远地区、目标市场和非营业时间的金融服务，特别是通过远程银行、智能银行等模式大大弥补了

---

① 资料来源：http://www.360doc.com/content/16/0123/15/1653426 8_ 530016670.shtml，2016 年 4 月 20 日最后访问。

物理网点上、区域性经营的中小银行渠道布局上的不足。

二是改进传统的营销模式。随着互联网金融时代大数据技术的出现，商业银行可以提取分析客户过去的消费、支付、汇划、融资和投资等信贷信息和工作性质、生活习惯、行为特点等日常信息，为更加全面、准确地判断客户的现时需求，预判潜在需求，实现更为精准的营销和服务奠定了基础。同时，依靠信息系统和分析模型，商业银行可以在短时间内完成提取、挖掘、分析和划类的过程，并有针对性地制定不同的业务拓展策略，既节省了大量人力，又获得了更为完整和可靠的业务决策信息。

三是促进服务效率的提高。互联网金融时代的技术进步降低了商业银行提供信贷产品和服务的成本，提高了信贷投放效率。利用信息技术，一方面，符合条件的客户申请贷款时，其从审批、获贷、支用到还贷的整个信贷环节基本可以线上完成；另一方面，全国集中审批及放款作业，可以大幅缩短贷款审批周期，使小微企业和居民等群体受益，如"网络循环贷款"产品和全流程处理支持，前者满足了小微企业客户的需求，后者则便利了供应链上下游企业的采购、支付等活动，实现了客户业务流程中银行的支付结算、信贷支持、现金管理等全流程配套服务。

2. 互联网金融助推商业银行提高创新能力

创新是企业发展的动力，更是金融机构赖以生存的根本之道，互联网金融对商业银行的创新提出了更高的要求和更多的机遇。

（1）促进以信息技术为载体的金融创新

互联网金融的发展依存于信息技术的创新，商业银行应以此为鉴，大力推动以信息网络技术为载体的产品和服务创新。商业银行将互联网基因融入传统业务中，拓宽创新边界，延伸服务市场，以客户为中心，紧紧把握新时期用户需求，研发更有针对性的产品和服务[①]，不断提高用户体验。

（2）为优化业务流程创造有利条件

互联网金融凭借其独特的经营理念、先进的技术手段和灵活的服务模式，在业务流程、运营效率等方面有着诸多优势，因而学习互联网企业的新技术与快速反应

---

① 例如，目前商业银行着力推进的拓展网银功能、推广手机银行、加大移动支付和网络贷款产品开发力度、打造电子商务平台等业务创新。

机制，不断激发创新潜能，依托信息科技和互联网技术，推动业务流程再造，提高运营效率，是商业银行应对互联网金融冲击的必然选择。

研究表明，互联网金融技术的发展，为商业银行优化业务流程创造了有利条件。具体表现在三个层面：替换、优化和创新。替换是对传统金融业务流程中某环节的直接替换，如票据的电子化；优化是简化或重构金融业流程本身，促进商业银行的业务流程再造，如网上银行服务；而创新则是创造新的金融业务流程，如网络贷款模式。①

目前，商业银行可以借鉴先进的互联网金融技术从以下几个方面优化业务流程。一是通过银行业务的电子化、网络化重构渠道体系，提高离柜业务率，推进组织扁平化，增强组织效率，如无缝链接客户、快速发现与联系当前与潜在目标客户、快速响应客户需求等。二是简化业务操作流程，为客户提供更便捷的服务，如减少银行卡申请、贷款申请等业务的审批环节等。三是以客户的存款、贷款、汇款、理财等多业务为基础，充分利

① 杨飞、王雅娟：《商业银行在互联网浪潮下的竞争策略》，《中国银行业》2015 年第 4 期。

用大数据技术，整合传统银行各部门资源，将客户多账户、多币种、多投资等信息进行全面分析和统合，进一步准确了解其消费习惯和投资偏好，以提供更为精准、更为人性化的服务。

（3）促进互联网金融创新合作不断深化

在移动互联时代，互联网金融的发展日渐成熟和商业银行的日益电子化、网络化，将促成一个全新金融网络格局的形成，不同的金融业态呈现"竞合"的发展模式。有鉴于此，商业银行可以基于自身的核心优势，以开放的心态与互联网金融业展开合作，通过构建合作平台、深化合作内容、扩大合作范围、优化合作机制等方式，促进各类互联网金融创新业务的快速发展。

具体而言，包括以下几个方面：一是进一步深化互联网公司的合作，以 BAT 为代表的互联网公司具有海量客户和数据的先天优势，商业银行通过共享信息资源，可以较为便捷地拓展业务，挖掘客户需求。二是进一步深化与电子商务公司的合作，通过搜索引擎、社交网络等信息科技，发掘电子商务平台的商户需求，为其提供融资、结算、理财等服务，如中信银行与支付宝合作开展的小微企业授信、与银联商务等合作推出的 POS 网络商户贷款等业务。三是进一步深化与第三方支付的合作，增加支付和代理交易，扩大客户账户资金沉淀，进而提高中间业务收入。

3. 互联网金融助力商业银行可持续发展

商业银行通过发展互联网金融，打造信息化银行，能够有效降低营运成本，增加非利息收入，实现可持续发展。

（1）有利于商业银行降低营运成本

一是降低市场交易成本。银行融资在推动资源配置和经济增长的同时，也产生了很高的市场交易成本，包括贷款信息收集成本、客户信用等级评价成本和贷后风险管理成本等。互联网为资金供求方提供了快速、便捷的沟通平台，既可以实现多方对多方的同时交易，又可以通过数据分析完成对客户信用等级的评价和风险管理，从而大大降低信息收集成本、借贷双方信用等级评价成本、双边签约成本和贷后风险管理成本。

二是降低营业费用。银行物理网点的正常运转需要投入大量的人力、物力、财力，在银行网点柜台办理一笔业务的平均成本约为通过电子渠道办理业务成本的十倍甚至更高。通过互联网，银行业无须增加分支机构和雇员，节省了营业场所、人员、运行维护等方面的大量开支，从而实现低成本的业务扩展和客户扩张，具有显著的经济性。

（2）有利于商业银行增加非利息收入

互联网金融的出现为商业银行非利息收入的增加提供了更为有效的手段，这一点在发达经济体银行业中间业务的发展过程中得到了充分印证。20世纪80年代到90年代初，发达国家的网络技术飞速发展并广泛普及，与此同时，银行非利息收入占全部收入的比重呈逐年上升趋势，美国从30%上升到38.4%，英国从28.5%上升到41%，日本也从20.4%上升到35.9%，说明金融电子化、网络化在银行业非利息收入的增长中发挥了积极的促进作用。

针对目前国内商业银行的情况，其无论是自身增加互联网金融业务，还是与互联网企业、第三方支付平台、移动或联通等电信运营商合作，都将突破传统业务的限制，在较短时间内获得更多客户，扩大中间业务的发展空间。例如，商业银行可以利用合作机构的数据资源，挖掘并营销潜在客户，有针对性地为客户提供理财、代理收付、结算清算、资产托管、银行卡等多种服务，增加中间业务收入来源；或是联合电子商务平台，通过对信息流、资金流、物流的整合，拓展商业银行业务边界，构建"电商＋金融"的新模式。

四　互联网金融与金融体系：
默顿功能理论的解读

互联网金融通过技术创新和金融创新，整合互联网和金融的双重优势，从根本上降低交易成本、优化资源配置、提高金融效率，构建统合、高效的中国新型金融体系。从这个意义上，互联网金融是支撑中国走向世界金融强国的重要路径。[①]

美国著名金融学家罗伯特·默顿（Merton，1992）总结了金融体系的六大功能：（1）协助买卖交易；（2）聚集资本；（3）资本在时间和空间上的配置；（4）管理风险；（5）提取帮助决定的信息；（6）解决道德风险和信息不对称。互联网金融具有便利性、合作性、虚拟性、开放性、共享性和普惠性，能有效促进金融体系六大功能，推动金融更好地服务于实体经济。

---

① 陈雨露：《在 2014 年 12 月上海浦江金融论坛上的讲话》，http：//finance. sina. com. cn/review/hgds/20141210/145021042488. shtml，2015 年 4 月 9 日最后访问。

（一）便利性：如何提升金融体系清算支付功能

互联网金融的便利性，即更有效地提供便利商品、劳务和资产交易的清算支付手段。金融的核心是跨时间、跨空间的价值交换，其最基本功能是融通资金，即将资金从储蓄者转移到融资者手中，所有涉及价值或者收入在不同时间、不同空间之间进行配置的金融交易都需要中介和清算支付。[①] 互联网作为新兴中介，将金融跨时间、跨空间的价值交换发挥到了极致，并且这种趋势还在成几何级数增长。互联网金融以通信技术对传统支付结算的丰富、以"大数据"应用对传统金融产品的补充，使得交易更便捷、信息更对称、成本更低廉、普及更广泛，并呈现出支付媒介去现钞化、支付终端去PC化、支付机构去银行化、支付环节去时点化的趋势。

支付革命是互联网金融的生存之本和创新之源，将冲击和撼动传统金融和货币理论。支付具有中介和信息双重功能。无论是实物货币、金属货币，还是现钞货币，

---

① Mishkin（1998）指出，金融中介的存在主要有两个原因。第一，金融中介有规模经济和专门技术，能降低资金融通的交易成本。第二，金融中介有专业的信息处理能力，能缓解储蓄者和融资者之间的信息不对称，以及由此引发的逆向选择和道德风险问题。

都是作为一般等价物形式的支付中介。信息作为交易中的数量关系，依附于支付中介上。从这个意义上说，正如"货币天然是金银，金银天然不是货币"，支付的本质是信息，而信息的本质是支付。互联网的优势不是创造货币或其他一般等价物，而是传递支付信息。互联网金融回归支付的"本位"，恢复了支付的信息功能，以低摩擦地实现交易的一对一供求匹配，在更高的信息技术水平上推动货币经济进化到信息经济。

（二）合作性：如何提升融通资金和股权细化功能

互联网金融的合作性，即从更多渠道汇聚资金并导向难以分割的投资项目。一方面，互联网的出现降低了人们交流信息和寻找合作对象的成本，更便于为分散的社会资源提供聚集功能，从而发挥资源的规模效应。互联网金融能更快捷地动员储蓄系统提供流动性服务，有效地解决长期投资的资本来源问题，为长期项目投资和企业股权融资提供可能，为技术进步和风险投资创造出资金供给的渠道。另一方面，互联网易于将无法分割的大型投资项目划分为小额股份，以便中小投资者能够参与这些大型项目投资。

　　以众筹模式为例。作为互联网金融的核心模式之一，众筹模式是一种依托互联网平台，针对高成长预期的小微企业初创期，独立于正规金融体系之外的新兴投融资形式，本质上是基于"互联网合作社"的"天使投资"。发起人在互联网平台公布创新项目，会以极快的速度、极广的覆盖面、极大的渗透力进行传播，对项目感兴趣的群体就瞬间在网络上形成一个"合作社"，这样易于将无法分割的大型投资项目划分为小额股份，共同为这个项目进行"天使投资"，共同保障项目的安全性和资金的收益性。这样的互联网合作社具有发布信息快、集合成员投资快、达成合作目标快的特征，同时成员之间沟通成本更低，更有可能突破时间和空间的限制而实现资源的跨时空组合。

（三）虚拟性：如何为资本配置提供更多元时间空间渠道

　　互联网金融的虚拟性，即更丰富了经济资源跨时间、地域和产业转移的方法和机制。互联网金融继承了互联网最突出的特征：虚拟性。虚拟性主要表现为金融业务的虚拟化、服务机构的虚拟化和交易媒介的虚拟化。金融业务的虚拟化即互联网金融的一切交易、服务活动均通过网络完成，所有的文件均为电子化文件；服务机构的虚拟化表现为接触和服务客户的主体主要是网络化机构，传统金融机构物理建筑和实体网点的重要性大大降低；交易媒介的虚拟化是电子现金、电子钱包等虚拟货币对传统纸币的替代，是货币形态的又一次升级。

互联网金融的虚拟性意味着打破传统金融机构营业网点的地域限制，金融活动可以突破时空局限。对经营者而言，进入金融领域的门槛较之以往大为降低，互联网企业通过网络和产品创新，就能在全球范围内吸纳广泛的客户资源。对客户而言，无论使用电脑、手机、Pad等任何终端，只要接入网络，就能在任何时间、任何地点享受全面的金融服务，金融资源的可获得性显著增强。

（四）开放性：如何强化金融市场的风险分担功能

互联网金融的开放性，即提供更充足的应付不测和控制风险的手段及途径。互联网的开放性意味着信息向一切方向和一切客体敞开，意味着更大的人群更平等自由地参与。众筹模式就是基于互联网的"开放"的特征，将低成本的信息和庞大数量的人群应用到了股权治理，其最大的创新在于完全打破了传统证券融资的体系和流程，普通民众可以通过众筹平台直接参与初创企业的股权投资，与企业共担风险和共享收益。传统融资模式下，投资者数量少，投资金额高，风险也相对集中。众筹模式的核心思想体现在一个"众"字，通过互联网平台的无界性，可以在短时间内聚集数量庞大的参与者；而每位投资人的投资额度可以很低，有利于通过分散化的方式降低融资风险。同时，众筹为普通群众提供了直接参与金融市场的渠道，有利于实现民间资本与中小企业的高效对接，缓解资本市场资金紧缺而民间资本投资无门的双重问题。①

P2P 与众筹有相似之处，搭建了民间资本小额信贷的便利平台。小额信贷的需求者将其信贷需求量、产业和家庭情况等代表其信用的信息公布在网络平台上，巨大数量的投资者以每人小额的投入共同资助这个信贷需求者。借贷中出现的两种借贷方式：一是"一对多"，即一个贷款人把自己的盈余资金分散配置给若干借款人；二是"多对一"，即多个贷款人以各自零散的盈余资金

---

① 陆松新：《互联网金融与众筹的兴起》，《农村金融研究》2015 年第 1 期。

配置给一个借款人，都比传统的银行信贷模式更容易分散风险，也更易筹集资金。

（五）共享性：如何分享"大数据"和更充分的信息

互联网金融的共享性，即通过更完善的价格信号，帮助协调不同经济部门非集中化决策。信息在金融市场中占据着核心地位。金融市场是进行资本配置和监管的一种制度安排，而资本配置及其监管从本质上来说是信息问题。因此，在某种意义上，金融市场就是进行信息的生产、传递、扩散和利用的市场。在互联网金融时代，信息的传递和扩散更加便捷，信息的生产成本更为低廉，信息的利用渠道和方式也越来越多元化，从而越来越容易实现信息共享。这种共享包含着各类不同金融机构之间的信息共享（如保险业和银行业共享信息，银行业和小额贷款公司共享信息），而且包含着金融机构与其他行业之间的信息共享（如银行业与电子商务企业之间的信息共享和数据交换，物流企业与小额贷款机构之间的信息共享等）、金融机构和监管机构以及企业之间的信息共享等。

信息共享并由此形成的"大数据"，降低了单个金融机构获致信息、甄别信息的成本，提高了信息利用的效率，使信息的生产和传播充分而顺畅，从而极大地降低信息的不完备和不对称程度。"大数据"不仅使投资者可以获取各种投资品种的价格以及影响这些价格的因素等信息，而且筹资者也能获取不同融资方式的成本等信息，管理部门能够获取金融交易是否在正常进行、各种规则是否得到遵守等信息，从而使金融体系的不同参与者都能做出各自的决策。

（六）普惠性：如何在金融交易双方形成共同激励

互联网金融的普惠性，能在更大的范围产生更多的利益共同体，有效解决激励问题，即在金融交易双方拥有不对称信息及委托代理行为中形成共同激励。在经济运行中激励问题之所以存在，不仅是因为相互交往的经济个体的目标或利益不一致，而且是因为各经济个体的目标或利益的实现受到其他个体行为或其所掌握的信息的影响。互联网金融时代，金融门槛较低，大量民间资本以互联网为载体进入金融业，从事信贷、保险、支付、财富管理等传统上由金融机构垄断的业务，大幅增加了金融市场的资金供给量，加大了金融市场的参与人数。

一方面，无论是众筹还是P2P，都是利用互联网传播速度快和参与人数多的特点，动员最大范围的人们参与投资，形成更多的利益共同体。在利益共同体内部，成员之间获取信息成本低，隐蔽和垄断信息的成本越来越高，易于解决信息不对称问题。另一方面，众多的投融资个体活动总是受到共同体整体目标和其他个体行为的影响，在投资效益最大化的共同目标下，逐渐形成适宜、统一的行为规范，并通过网络技术外化为激励和约束机制。在网络世界中违反这样的约束机制，可能受到比现实世界更严重的惩罚。比如在P2P中失信的借款者可能再也无法获得网络成员的信任，特别是形成大规模共享型的征信体系下，他将难以进行网络借贷。在这样的网络世界，信息更透明、欺骗成本更高，就更有利于解决委托代理问题。

如前所述，互联网金融是互联网能量和金融能量的"核聚变"反应，但同时也意味着互联网风险和金融风险的"双重叠加"。互联网金融根本风险在于互联网自身的"虚拟性"，导致互联网金融的投机性、信息不对称性和流动性风险；同时互联网的"复杂性、强传播性"又放大了上述金融风险，导致传导链条更加多元和多变。

虽然众筹模式分担风险机制强于资本市场，但因为互联网的虚拟性增大了其不确定性，不确定性是投机性的根本来源，互联网金融的投机性将大于资本市场。虽然大数据及其分析提高了信息获取的数量和精度，但由于虚拟世界中信息大爆炸造成的"信息噪声"，导致交易者身份、交易真实性、信用评价的验证难度更大，反而可能在另一层面强化信息不对称程度。虽然第三方平台提高了支付快捷便利性，但与商业银行存款准备金、风险资产拨备以及酝酿中的存款保险等制度保障相比，第三方平台对短期负债和未预期的资金外流缺少应对经验和保障，因此其流动性风险将大于商业银行。互联网金融具有速度快、范围广的优势，但正是这样的优势导致了风险传导更加迅速、多变和不可控。我们认为，互联网金融风险管理不在规则之中，而在互联网和金融双重叠加的对象之中，其最基本的风险边界应是保证投资者的资产安全。

五　互联网金融冲击下的稳定与效率："大金融"框架的视角

前文已经谈到，英美金融道路的终结在于，走向集中垄断的英国银行体系缺乏"效率性"，走向泡沫化的美国投资银行体系缺乏"稳定性"。实际上，一国金融业的发展过程就是在稳定和效率之间寻求平衡，也就是在防范金融风险、避免金融危机和追求利润最大化、提高盈利水平之间寻求平衡的过程。①

国务院副总理马凯指出："互联网是把双刃剑，用得好，它是阿里巴巴的宝库；用不好，它是潘多拉的盒子。"② 如何用好互联网金融需要有正确的方法论。我们认为，中国互联网金融战略实际上是要基于中国"国家禀赋"，构建效率与稳定动态平衡的新型金融体系。

---

① 陈雨露：《大金融框架下的金融发展》，《中国金融》2014 年第 19 期。

② 资料来源：马凯在 2014 年 11 月 19 日首届世界互联网大会上的讲话，http：//news. xinhuanet. com/2014 – 11/19/c_ 127228952. htm，2015 年 6 月最终访问。

一个国家金融业的发展过程就是平衡稳定和效率的过程，稳定指的是金融风险的防范、化解，金融危机的避免；效率则指利润最大化的追求，盈利水平的提高。金融业经营体制、监管体制的选择和宏观经济金融政策均要参考二者的平衡。自 20 世纪 70 年代起，各国金融机构和金融当局力图建立稳定与效率相平衡的经营与监管体制。稳定与效率是国际金融业关注的焦点。中国金融结构变迁的政策取向包含两个目标，即保持金融稳定和提高金融效率。

现阶段，为了以最切合实际的方式稳步推进金融改革，基于中国的实际情况（包括政治、经济、文化等诸多方面）深入考察金融体系改革的立足点、阶段和路径十分重要。考虑中国的现实情况，我们认为，构建一个互联网金融与传统金融平衡发展的金融体系结构对于未来发展较为关键。值得注意的是，"平衡发展"并非互联网金融与传统金融处于绝对平均的数量水平，而是二者在功能上实现动态均衡。

（一）传承稳定器作用：明确银行体系的基础性地位

观察中国金融体系的现有构成，根据 LLSV 提供的样本国家及 Levine 所确立的衡量指标，中国的银行系统在规模上远超金融市场，即银行占绝对支配地位，且该程度大于 LLSV 所列举的所有样本国家的平均值①。总体来看，中国的金融体系与德国模式相近，但在诸多方面仍欠发达。银行体系和金融市场的规模虽均在增长，但银行体系规模还在极大程度上超过金融市场。在中国特殊的制度和文化背景下，金融体系的"银行主导型"特征在今后相当长一段时间内不会发生根本性改变。

除此之外，考虑金融体系的稳定性，综观世界经济发展史上的数次金融危机，其起始点一般为股市危机或者货币危机，而后扩展至银行体系。相较于金融市场，银行体系位于金融体系安全性的"第二个层次"，通常认为是金融体系的"最后一道防线"。② 其成为"最后一道防线"是由商业银行自身决定的。

---

① 20 世纪 90 年代中后期，拉波塔、洛配兹·西拉内斯、安德烈·施莱弗和罗伯特·维什尼四位学者，通过整理多国的政治、法律、宗教、文化和经济等方方面面的量化数据，第一次明确将法律因素引入解释金融发展和经济增长的具体研究中。由于他们经常一起署名发表文章，学界简称 LLSV 组合。

② 陈雨露、马勇：《中国金融体系大趋势》，中国金融出版社 2011 年版，第 122—123 页。

（1）商业银行的资产与负债主要由不同期限的债务合约组成，由于债务合约的性质及其具有的多样化的期限结构，所以其稳定性要强于随时可通过二级市场出售的股权合约。

（2）通常，商业银行信用在不同的经济体中均处于高等级，且具有（显性或隐性）存款保险等附属机制，这对维持投资者的信心具有重要作用。

（3）为减少意外流动性短缺所造成的支付困难，最后贷款人机制下中央银行所提供的支持将对稳定性产生积极影响。

在中国，深刻认识金融体系稳定性的"层次问题"具有重要的现实意义。一方面是股票市场，其尚处于起步阶段并且制度尚不健全；另一方面却是商业银行体系，其在金融体系中占主导地位，享受着国家信用，并且在实质上拥有全额存款保险。二者在稳定金融体系中的重要性不言而喻。同时，随着中国金融体系开放度不断加强，倘若缺乏强大且足够稳定的银行体系作为支撑，金融市场的风险随时可能波及银行体系，进一步，实体经济将衰退明显。

总而言之，考虑当前中国金融体系的现状，进而构建稳定而高效的金融体系，其关键在于以银行体系为核心和出发点，并在此基础上构建适合中国国情和发展阶段的金融体系结构。可知，银行体系的发展对提高中国经济和金融运行效率具有重大意义，而且密切关联中国的经济和金融稳定问题。

（二）发挥效率器作用：努力发展制度健全的互联网金融

银行体系在中国金融体系中的主导地位虽具有制度性根源和必然性，但客观上，社会融资渠道过度集中于银行体系（尤其是国有银行体系）也导致了单一的融资结构，增加了银行体系的风险承载量，减小了金融体系的融资来源的余地，并且在一定程度上降低了资源配置的效率。除此之外，前文已经强调银行体系所处的基础性地位及其所发挥的金融体系稳定器作用，进一步通过分析判断，互联网金融对银行体系及传统金融具有渐进性的冲击，且属于诱致性制度变迁。从而，短中期内互联网金融不可能替代银行体系及传统金融，从而影响金融体系的宏观稳定。现阶段，中国大力规范、促进互联网金融的发展和完善，并使其成为银行体系及传统金融的重要补充，这将成为平衡金融体系结构蓝图的重要组成部分。

但是，促进互联网金融的发展并不单纯指扩大市场规模。值得注意的是，互联网金融促进资源的有效配置包含一个基本前提，即市场的有效性，而市场的有效性又需以良好的制度为基础。这就是说，在建立起良好的制度性约束前，单纯追求市场规模的扩张可能在更大程度上灭失财富，而非有效配置资源。现阶段，在中国按照"制度建设优先、市场规模适度"原则稳步推进互联网金融的发展较为符合现状。一方面持续加强制度基础建设，另一方面逐步扩大互联网金融市场规模。同时，由于当前国有银行体系主要服务于大型国有企业融资，故推进互联网金融众筹融资更多地向民营企业和中小企业倾斜，进而考虑融资主体结构时，将能形成互联网金融与银行体系融资互补的局面。

总体来看，以居于主导地位的银行体系为基础稳步发展互联网金融，并使其补充银行融资，将适应中国未来金融体系的发展。现阶段，市场规模扩张已经达到一定水平，而制度基础建设尚未提上议程，且其对于进一步构建均衡的金融体系意义重大。

（三）中国新型金融体系：基于"国家禀赋"互联网金融与传统金融的动态发展

根据撒克（Thakor）的研究，对于不同国家、不同金融体系，在不同环境下，在资源配置方式、企业融资手段、信息处理、风险分担和参与公司治理等方面起到了不同的作用，比较金融体系主要分析这些方面，金融体系设计也主要考虑相关方面[①]。我们认为，进一步理解金融体系，尤其是在现实金融体系的设计过程中，对撒克这一论述中的三个"不同"有待深入考察。就当前中国的金融发展而言，无须将互联网金融与传统金融简单对立起来，从动态角度看，在一个长期的制度均衡中，二者能够发展成互为补充、相互促进、"螺旋发展"的关系。

除此之外，由于金融全球化进程的推进，金融机构与金融市场之间的边界日益模糊，银行业务将拓宽至金融市场，而金融市场的产品通过银行构建的平台也得以获得更多实现方式。由此回顾金融体系基本功能的实现，

---

① A. V. Thakor, "The Design of Financial Systems：An Overview", *Journal of Banking & Finance*, 1996, Vol. 20, No. 5, pp. 917 – 948.

易得到金融体系的合理架构和实现方式，达到效率与稳定性的平衡。更进一步的，可以夯实中国未来金融业发展基础，并有助于调整中国的金融体系。

此外，对于金融体系的控制和调整，除了保证其基本功能外，还可以设计基本功能的动态实现机制并考察其制约条件。以国情和市场规律为基础，考虑法律、文化等因素对金融体系基本功能实现的影响，也可将它们视为金融体系的重要组成部分。总体而言，我们认为，调整中国整体的金融体系可以从以下几个方面着手。

一是"效率"和"稳定"的动态平衡。

金融体系内部之间的主次和配比关系随着经济社会发展的需要动态变化，在特定国家的特定发展阶段，其金融体系是否结构合理，评判标准是能否在特定的时空条件下实现"稳定"和"效率"的平衡。[①] 因此，在互联网金融框架下，更应该强调互联网金融和传统金融相互促进、相互融合，注重传承以银行体系为代表的传统金融的稳定器作用，同时也要鼓励和发挥互联网金融的效率器作用。

在"大金融"框架下，金融体系对实体经济的服务，

---

① 陈雨露：《最优金融体系结构的路径选择》，《金融博览》2015 年第 7 期。

实际上也是动态拟合的。① 正是因为在宏观上，金融体系对实体经济的动态拟合，倒逼了金融体系内部互联网金融和传统金融的动态拟合。因此，稳定多一点还是效率多一点，或者互联网金融大一点还是传统金融大一点，都不是关键，关键在于平衡和动态拟合。

二是"大金融"框架下金融产业的统合。

银行体系作为一项基本的金融制度安排，一方面，应继续发挥其在间接融资领域的专业优势，通过改进"代理监督"促进资源优化配置；另一方面，应充分利用已有的物理和技术条件，在互联网金融冲击和倒逼下，在原有的组织平台基础上开展新的业务、拓展新的渠道，以适应金融发展一体化的需求。资本市场作为与金融中介互补的直接融资渠道，短期中在互联网金融的冲击下，证券业、保险业、基金业等积极调整市场定位、拓展市场渠道、完善服务功能。互联网金融应充分发挥其效率优势，在传统金融已有基础上，注重自身安全与稳定，呈现与金融中介相互竞争、相互融合的状态，共同服务于实体经济发展。从长期稳定的均衡趋势来看，合理的

---

① 陈雨露、马勇：《大金融论纲》，中国人民大学出版社 2013 年版，第 3 页。

金融体系必须同时包含互联网金融与传统金融的互补、互动和渐进式的发展态势。

三是外部监管与制度建设的统合。

从外部监管来看，应该有一个与中央银行紧密协作的监管体系。一方面，促进金融体系的内部元素（如金融机构和金融市场等）在效率与稳定之间维持平衡；另一方面，通过合理的政策调控机制，促进金融体系和实体经济的协调运行。从制度基础来看，应该有包括正式制度（法律法规）及非正式制度在内的一整套辅助机制，确保金融体系的运行满足"效率"和"稳定"的双重标准。在效率机制的安排上，诸如信息披露、公司治理、透明度要求等方面必须要有完善的传导机制和实现机制；在稳定性机制的安排上，诸如存款保险、风险管理、破产机制等，在金融体系内部应该有相应的制度机制安排，使金融体系作为一个整体，形成多层次、多维度的抗冲击能力。①

---

① 陈雨露、马勇：《中国金融体系大趋势》，中国金融出版社 2011 年版，第 125—128 页。

六　结语与政策建议

从长期的视角来看金融和经济发展之间的关系，可以发现大国的金融崛起几乎总是与其经济崛起同步实现。17世纪末，英国依靠中央银行和商业银行体系提供的资本燃料和动力，成功实现了第一次工业革命，成为19世纪头号强国。19世纪末20世纪初，美国在继承英国中央银行和商业银行体系基础上，依靠逐渐成熟的投资银行体系，完成了第二次工业革命，成为20世纪头号强国，120年屹立不倒。

由此看出，金融发展与实体经济相辅相成、相互促进，"金融体系强则实体经济强"，金融体系已成为大国崛起的基本性战略力量。互联网金融具有开放、共享、平等、普惠、去中心化等特点，是构建中国特色新型金融体系最重要、最关键的催化剂和动力源泉。在世界经济第六个长周期，中国应该抓住"互联网＋"时代的机遇，通过互联网金融的融合创新，构建稳健、高效、统一的大国金融体系，全面服务于大国经济和金融崛起的双重战略需要。

（一）金融发展与实体经济：相辅相成

商业银行体系推动英国完成第一次工业革命并成为19世纪头号强国。实际上，英国工业革命早期使用的技术创新，大多早已有之。然而，技术革命既没有引发经济持续增长，也未导致工业革命。这是因为业已存在的技术发明缺乏能够提供大量长期资金的资本土壤，不能使其从作坊阶段走向规模化的产业阶段。因此，英国诸如钢铁、纺织、铁路等大规模工业的成熟发展必须经历一个等待的过程，当金融体系逐步完善、金融市场蓬勃发展后，工业革命也就随之发生了。这就是约翰·希克斯提出来的"工业革命不得不等候金融革命"。中央银行和商业银行共同构建的银行网络体系，成为英国近代金融体系的主体和基础，不断为工业革命注入资本燃料和动力，推动工业经济跨越式发展，使英国从一个"蕞尔小国"一跃成为"日不落帝国"。

投资银行体系支撑美国完成第二次工业革命并成为20世纪头号强国。19世纪70年代，美国兴起以电力技术为标志的科技革命。20世纪40年代，美国在经历大危机后依靠投资银行体系及金融创新，迅速成为金融强国，并成为全球霸主。美国以投资银行为主体的市场主导型金融体系，具有天然的资本运营能力，实现了资本的市场化流动及有效配置，支撑美国经济结构调整和产业升级。投资银行与生俱来"金融创新"的品质，通过融资证券化和资产证券化提供了经济快速增长所需要的更高流动性和信用催化，并借此主导五次并购浪潮，淘汰落后产能，推动经济结构优化。同时，投资银行体系顺利化解高新技术和中小企业的融资困难，通过风险投资支撑技术创新和产业升级，培育其迅速成长为美国新经济的支柱。因此，投资银行体系及其创新对于美国的崛起具有巨大的引领和推动作用。

从英美的发展历史中，我们发现金融发展与实体经济相辅相成、相互促进，金融体系强则实体经济强，金融体系已成为大国崛起的基本性战略力量。但是，金融体系服务于实体经济是动态拟合的，需要效率与稳定的平衡。如果金融发展不能与时俱进，不能主动契合实体经济的内在需求，这样的金融体系将被淹没在历史潮流中。这也是英美金融模式走向衰落的原因。

（二）金融效率与金融稳定：缺一不可

英国商业银行体系走向集中垄断，缺乏"金融效率"。英国商业银行体系借助第一次工业革命迅速累积资本、发展壮大，走向"托拉斯"式的集中垄断。垄断的银行体系使得资本高度集中，最大限度地占有稀缺资源，也更加注重短期回报、轻视工业创新的长期投资。资本的集中更加强化了其"逐利性"本质，资本需要寻找更多的国际投资机会。鉴于在全球市场才会产生更高的利润率，英国资本通过特许贸易公司、殖民活动甚至战争，拓展具有更高利润率的国外市场，进而忽视了本国工业的技术创新和产业的调整升级。英国集中垄断的商业银行体系失去效率和活力，难以支撑技术持续创新和产业结构升级，不能给英国经济提供长期发展、动力不竭的资本市场。

美国投资银行体系疏于监管走向泡沫化，缺乏"金融稳定"。美国投资银行体系具有极强的创新能力，但该体系金融自由化且缺乏严格监管，因此"稳定性"不足，存在脱离实体经济和金融泡沫化的风险。投资银行体系为追求高额利润，就必须资本先行，走在实体经济前面，导致投资银行的"资本""先入为主"却又"抢先退出"。美国经历工业化、产业化后的利润率下降，无法满足资本的逐利欲望，资本就放弃介入实际生产，专门从事于借贷、投资等非实物资金运作，于是产业资本就变异为金融资本。被金融资本绑架的美国义无反顾地走上"工业化—去工业化—金融化"道路，最终金融脱离实体经济并泡沫化，导致全球金融危机。美国当前实行"再工业化"战略，只是对困境的修补，不能改变衰落的大势。因为金融化后的美国资本已经习惯坐享其成，难以再适应并满足工业制造的利润率；即使金融资本迫于无奈而寻嫁实体经济，也会通过全球配置选择低成本、高利润的发展中国家。因此，美国逐渐被金融资本抛弃，缺少了资本动力，美国经济将走向衰落。

走向集中垄断的英国银行体系因缺乏"效率性"，不能给实体经济资本支撑；走向泡沫化的美国投资银行体系因缺乏"稳定性"，导致金融危机。究竟什么才是最适合中国的金融体系？对此，我们有一个基本判断，那就是最适的制度都具有个性和唯一性，不能简单地把美国和英国各自的最适制度的标准零件通过某种"黏合剂"拼接到中国，因为最适金融制度不在既定规则之中，而在国家对象的禀赋之中。

（三）关于中国互联网金融：五个基本判断

互联网金融是中国构建稳健、高效、统一的大国金融体系的重要推进器。根据前文分析，笔者认为关于中国的互联网金融有五个基本判断：一是互联网金融目前无法替代传统金融；二是互联网金融对传统金融的冲击宏观可控；三是互联网金融与传统金融将走向"竞合"和"螺旋发展"；四是互联网金融有助于"金融效率"和"金融稳定"的动态平衡；五是必须继续维护银行体系基础性地位和主导作用。

1. 互联网金融目前无法替代传统金融

一是互联网金融产品创新建立在传统金融的基础设施和基础服务之上，互联网金融的支付、缴费、代理等业务的起点和终端都离不开银行账户；二是互联网金融改变的只是跨界的金融服务获取方式，并未创造新的服务功能（金融服务功能还是存贷汇等），也没有创造新的金融市场（金融市场还是货币市场、资本市场和保险市场）；三是互联网金融必须以传统金融安全稳定作为保障和支撑。因此互联网金融短期内必须立足于传统金融已有的基础，不可能"另起炉灶"。

2. 互联网金融对传统金融的冲击宏观可控

一是从互联网金融发展历程看，这是由中国民众和市场自发主导的，自下而上、从局部到整体的变革过程，具有典型的"渐进性"特征。二是从美国经验看，1933年美国投资银行和商业银行分业，投资银行体系发展近60年，直至1992年才超过商业银行成为金融体系的主导力量。三是基于中国特殊的制度和文化背景，"银行主导型"的金融体系特征在今后相当长一段时间内不会发生根本性改变。因此，中短期内互联网金融不可能取代银行体系成为主导，宏观金融风险将处于可控状态。

3. 互联网金融与传统金融将走向"竞合"和"螺旋发展"

一是互联网金融将倒逼传统金融进一步降低经营成本、加强创新能力、转变发展模式。二是互联网金融和传统金融在服务对象、行业规模、经营渠道等方面优势互补，将在充分竞争中互学互鉴；三是中国一直从战略上适度保持着对金融的国家控制力，通过货币政策、监管政策和信贷政策"三位一体"的政策整体框架，有能力协调、统筹互联网金融和传统金融竞争融合和螺旋发展，实现"1＋1＞2"的增强效应。

4. 互联网金融有助于"金融效率"和"金融稳定"的动态平衡

一是在特定国家的特定发展阶段，有一个与之国情相适应的结构合理的金融体系，金融体系内部之间的主次和配比关系随着经济社会发展的需要动态变化，其评判标准是能否在特定的时空条件下实现"稳定"和"效率"的平衡。二是在中国新型金融体系框架下，更应该强调互联网金融和传统金融相互促进、相互融合，注重传承以银行体系为代表的传统金融的稳定器作用，同时也要鼓励和发挥互联网金融的效率器作用。三是金融体系对实体经济的服务实际上也是动态拟合的；正因为在宏观上金融体系对实体经济的动态拟合，也倒逼了金融体系内部互联网金融和传统金融的动态拟合。四是当前中国金融体系的稳定性过强、效率性太弱，因此应通过推进互联网金融的发展，强化金融效率提高。稳定多一点还是效率多一点，或者互联网金融大一点还是传统金融大一点，都不是关键，关键在于平衡和动态拟合。

5. 必须继续维护银行体系基础性地位和主导作用

充分认识"没有银行稳定，就没有中国金融稳定"。一是综观世界经济发展史的数次金融危机，一般始于股市危机或者货币危机，然后波及银行体系，银行体系相对处于金融体系安全性的"第二个层次"，是金融体系的"最后一道防线"。二是陆地文明的"国家禀赋"，决定了中国金融体系的稳定是第一位的，也需要以此保障中国大国崛起进程。三是过去30年对依靠银行体系实现金融稳定已形成路径依赖，未来30年中国还需要继续发挥银行体系的"金融稳定器"作用。

（四）关于中国金融的崛起：若干政策建议

2016年"两会"的《政府工作报告》将"规范发展互联网金融"列入2016年重点工作部分。这是互联网金融第三次被写入《政府工作报告》，互联网金融对于中国金融体系发展和实体经济服务的重要性不言而喻。我们认为，互联网金融即将进入一个规范、健康发展的新阶段，并提出如下政策建议。

1. 站在国家复兴、大国崛起的大局看待互联网金融

互联网和金融是中国迈向一个现代国家的两大核心

动力，两者的融合将会产生巨大的能量，成为支撑中国金融崛起的重要路径。300 年前英国的商业银行体系和 100 年前美国的投资银行体系，都是通过金融创新推动了国家崛起。互联网金融的变革，也将为我们赢得千载难逢的历史新机遇。

2. 实施互联网金融"三步走"战略，与人民币国际化相辅相成，呈现"国际国内两个战略""双轮驱动""三步走"的中国新型金融崛起模式

为配合人民币国际化"三步走"的进程①，实现国际、国内金融战略的同步，互联网金融也考虑"三步走"战略。第一个阶段"适当宽松"，在强调防风险、守稳定的基础上，主要发挥"市场之手"的作用，敢于触动传统金融的既得利益，创造良好的政策环境，大力引导扶持互联网金融的发展。第二个阶段"以严为主"，

---

① 陈雨露：《人民币国际化要分三步走》，《人民日报》2013 年 4 月 18 日。文中指出，第一个"三步走"是在人民币使用范围上，第一个 10 年是"周边化"，完成人民币在周边国家和地区的使用；第二个 10 年是"区域化"，使人民币在整个亚洲地区成为区域性的国际货币；第三个 10 年是"国际化"，人民币成为全球范围内的关键货币。第二个"三步走"是在货币职能上，即第一个 10 年实现"贸易结算化"，人民币在贸易结算当中充当国际结算货币；第二个 10 年实现"金融投资化"，人民币在国际投资领域中作为投资货币；第三个 10 年实现"国际储备化"，人民币成为国际最重要的储备货币。

主要发挥"政府之手"，严格控制规模、完善体制、避免金融危机，实现规范发展。第三个阶段"松严结合"，动态优化"政府之手"和"市场之手"的组合，促进和鼓励互联网金融和传统金融的融合。人民币国际化"三步走"与互联网金融"三步走"相对应，实施以互联网金融为主体的国内金融战略和以"人民币国际化"为核心的国际金融战略，呈现"国际国内两个战略""双轮驱动""三步走"的中国新型金融崛起模式。

3. 动态平衡"金融稳定"和"金融效率"，实现"无金融危机的长期增长"

宏观调控当局应在互联网金融框架下，注重统筹协调互联网金融与传统金融的发展，两者正如车之两轮、鸟之两翼。互联网金融的中国新型金融体系，既能传承以银行体系为代表的传统金融的稳定器作用，又能发挥互联网金融的效率器作用，进而大力推动中国金融崛起进程，实现无危机的长期稳定增长。

4. 尽快完善互联网金融领域的规则和标准

互联网金融作为新兴的领域，其行业标准的制定是一个需要有前瞻性、战略性设计和考量的重要问题。例如，垄断与不正当竞争的界定，当前，不少互联网金融平台通过补贴战、价格战谋取垄断地位，这一问题在现行的《中华人民共和国公司法》和《中华人民共和国反垄断法》框架下无法得到解释。又如，小额支付的"小额"如何界定的问题，目前，各家商业银行对此的认定迥然不同。显然，类似的问题需要金融监管当局或者行业协会予以明确。只有如此，才能确保各方在统一的规则下开展公平、有序、良性的竞争，从而促进互联网金融行业的健康发展。

5. 强化互联网金融的混业监管、功能监管，采取创新监管、协同监管和底线监管

由于兼具互联网和金融特点，具备长尾效应、平台经济特点，互联网金融从诞生起就具备了跨界、跨行业、跨领域的特点，因此，互联网金融监管不能完全比照传统金融监管，要用宏观审慎的理念，完善监管制度，创新监管方法。将传统的分业监管、机构监管转向混业监管、功能监管，采取适度监管、分类监管、协同监管和创新监管。

一是创新监管。对互联网金融监管要创新监管理念和模式，利用宏观审慎框架，实现从分业监管向混业监管，从机构监管向功能监管转变。二是协同监管。作为互联网与金融的结合，对互联网金融产品、渠道、机制的监管涉及方方面面，确立针对互联网金融的监管联席制度，从分类监管向统合监管转变。三是柔性监管。正是由于互联网金融的创新性，新兴互联网金融行业对政策敏感度高，政府可以采取"负面清单"管理模式，以促进互联网金融健康发展。政府应做到"法无授权不可为"，市场则"法无禁止即可为"。四是底线监管。针对互联网金融的普惠性，为其设置底线，互联网金融不得非法集资、设资金池、违法经营等，以保证其健康发展。五是信息披露。加强信息披露制度建设，全面透明完整地披露风险信息。加强消费者和从业者教育，加强风险教育。六是自律先行。利用协会的中介作用，按照金融特点制定行业规则，建立风险储备金制度，健全内控制度，更多地通过企业加强风险管理、内控制度建设，以及加强行业自律来防范系统性风险发生。

参考文献

1. 陈雨露、马勇：《大金融论纲》，中国人民大学出版社 2013 年版。

2. 陈雨露、马勇：《中国金融体系大趋势》，中国金融出版社 2011 年版。

3. 金德尔伯格：《西欧金融史》，徐子健、何建雄、朱忠译，中国金融出版社 2007 年版。

4. 考特：《简明英国经济史（1750 年至 1939 年）》，方廷钰译，商务印书馆 1992 年版。

5. 林毅夫：《中国的奇迹：发展战略与经济改革》，上海人民出版社 1999 年版。

6. 马歇尔：《货币、信用与商业》，叶元龙、郭家麟译，商务印书馆 1986 年版。

7. 麦迪森：《世界经济千年史》，伍晓鹰译，北京大学出版社 2003 年版。

8. 奇波拉主编：《欧洲经济史》第二卷，贝昱、张菁译，商务印书馆 1988 年版。

9. 约翰·希克斯：《经济史理论》，厉以平译，商务印书馆 1999 年版。

10. 陈雨露:《大金融框架下的金融发展》,《中国金融》
　　2014 年第 19 期。

11. 陈雨露:《最优金融体系结构的路径选择》,《金融博
　　览》2015 年第 7 期。

12. 陈志武:《中国需要什么样的金融》,《国际融资》
　　2006 年第 3 期。

13. 褚蓬瑜:《互联网金融与商业银行演进研究》,《宏观
　　经济研究》2014 年第 5 期。

14. 丁文锋:《〈风险投资中的委托代理问题研究〉述
　　评》,《西安石油大学学报》(社会科学版) 2010 年
　　第 2 期。

15. 古依莎娜等:《"制造强国"的战略路径研究及初步
　　分析》,《中国工程科学》2015 年第 7 期。

16. 李波:《诱致性制度变迁理论探析》,《兰州商学院学
　　报》2005 年第 3 期。

17. 陆松新:《互联网金融与众筹的兴起》,《农村金融研
　　究》2015 年第 1 期。

18. 莫易娴:《互联网时代金融业的发展格局》,《财经科
　　学》2014 年第 4 期。

19. 王勇:《"世界金融史上的革命":论十七、十八世纪英国金融体系的形成》,《贵州师范大学学报》2008年第 6 期。

20. 韦碧君、唐恺:《从两种金融系统的比较看我国商业银行改革》,《法制与社会》2008年第 15 期。

21. 杨飞、王雅娟:《商业银行在互联网浪潮下的竞争策略》,《中国银行业》2015年第 4 期。

22. 杨晓辉、陈诗瑶:《发达国家"再工业化"战略的提出背景及成效简析——以美国为例》,《现代商业》2015年第 29 期。

23. 姚爱雨、陈祖洲:《英美学者关于英国衰落问题的研究》,《世界历史》2002年第 4 期。

24. 袁友军:《论风险投资的地位与作用》,《科技创业月刊》2007年第 7 期。

25. 翟畅、赵娟霞:《利率市场化:金融改革的突破》,《经济研究导刊》2013年第 32 期。

26. 周勇、王国顺、周湘:《要素角度的产业划分》,《当代财经》2006年第 3 期。

27. Allen, James C. , "Derivatives Group to Prep Dealers for Negative Interest Rates in Japan", *American Banker*,

10/27/95, Vol. 160.

28. Dennis Cox, *Banking and Finance*: *Accounts*, *Auditand Practice*, London, 1993.

29. Henry Roseveare, *The Financial Revolution*, *1660 – 1760*, Longman, 1991.

30. P. G. M. Dickson, "The Financial Revolution England", *A Study in the Development of Public Credit*, *1688 – 1756*, London, 1967.

31. Robert M. , "Hartwell, Demographic, Political, and Social Transformations of China, 750 – 1550", *Harvard Journal of Asiatic Studies*, Vol. 42, No. 2. , Dec. , 1982.

32. Shen, Hubert, "Can Non – Negative Interest Rates Grow on Recombining Trees? A New Approach, Detail Only Available", *Journal of Fixed Income*, Vol. 9, Issue 2, 1999.

33. Sims, C. A. , "Interpreting the Macroeconomic Time Series Facts: The Effects of Monetary Policy", *European Economic Review*, 36 (5), 1992.

34. Stephen G. , Cecchetti, "The Case of the Negative Nominal Interest Rates: New Estimates of the Term Structure

of Interest Rates During the Great Depression", *Journal of Political Economy*, 1988, Vol. 96.

35. Thornton, D., "Monetary Trends: Nominal Interest Rates: Less Than Zero?", *Monetary Trends*, Federal Reserve Banks of St., 1999.

36. Ulf and Andreas, "Monetary Policy When the Interest Rate is Zero", *Economic Review*, 2009, Vol. 172.

37. W. R. Bisschop, *The Rise of the London Money Market: 1640 – 1826*, London, 1910.

38. Weinert, G., 2001, "What Went Wrong in Japan: A Decade-Long Slump", *Vierteljahrshefte Zur Wirtschaftsforschung*, 2001, 70 (4).

伍聪，经济学博士，中国人民大学国家发展与战略研究院副院长、国际货币研究所研究员。主要研究领域为互联网金融、国际货币以及货币政策。出版专著《负利率效应下的中国经济》《人民币崛起》等，发表各类学术论文30余篇，在《人民日报》《光明日报》等主要媒体发表专业文章40余篇；主持或参与国家自然科学基金、教育部社科基金等多项课题和项目。